湖北省國家珍貴古籍名録圖録

湖北省圖書館 編

國家圖書館出版社

圖書在版編目（CIP）數據

湖北省國家珍貴古籍名録圖録/湖北省圖書館編. -- 北京：國家圖書館出版社，2012.11
ISBN 978-7-5013-4906-7
Ⅰ.①湖… Ⅱ.①湖… Ⅲ.①古籍－圖書目録－湖北省 Ⅳ.①Z838

中國版本圖書館CIP數據核字(2012)第268473號

責任編輯：殷夢霞　南江濤
裝幀設計：九雅工作室

書名　湖北省國家珍貴古籍名録圖録
著者　湖北省圖書館　編
出版　國家圖書館出版社（100034　北京市西城區文津街7號）
（原北京圖書館出版社）
發行　010-66114536　66126153　66151313　66175620
66121706（傳真）　66126156（門市部）
E-mail btsfxb@nlc.gov.cn（郵購）
Website www.nlcpress.com ——► 投稿中心
經銷　新華書店
印刷　北京順誠彩色印刷有限公司
開本　889×1194（毫米）　1/16
印張　14
版次　2012年11月第1版　2012年11月第1次印刷
字數　200千
書號　ISBN 978-7-5013-4906-7
定價　260.00圓

《湖北省國家珍貴古籍名録圖録》

主　編

湯旭巖　劉傑民

副主編

范志毅　童世華

編　者

范志毅　童世華
湯旭巖　劉傑民
張　青　阮婭菲

總序

湖北地處長江中游，位居華中腹地，是中華民族燦爛文化的重要發祥地之一。以“楚辭”爲代表的楚文化歷史悠久，源遠流長，在中華五千年的文化史中有著極其重要的地位。“楚地自古多豪傑”，湖北人民一向具有勇於開拓、敢爲人先的進取精神和創新品格，湖北也是“敢爲天下先”的首義精神誕生地。正是基於深厚的文化積澱和寶貴的敢爲人先精神，早在1904年，湖北就開風氣之先，建立了全國最早的省級公共圖書館之一——湖北省圖書館，1920年，又開辦了我國第一個專門的圖書館學教育機構——武昌文華圖專。這些創舉不僅奠定了湖北圖書館事業的深厚根基，更重要的是，在湖北圖書館界形成了學術與實踐緊密結合的優良傳統和自覺意識。

新中國成立以來，特别是改革開放後，湖北圖書館事業取得了長足發展，建立了較爲完善的公共圖書館服務體系，頒佈了《湖北省公共圖書館條例》，建設了豐富的館藏資源，培養了高素質的圖書館館員隊伍，爲社會提供了多種形式的圖書館服務。剛落成的湖北省圖書館新館，不僅建築面積達十萬平方米，而且館内佈局與設施凸顯了現代化圖書館管理理念，成爲滿足讀者文化休閒、信息交流、學習閱讀等文化需求的嶄新陣地。

當前，在黨中央、國務院關於“逐步建立和完善覆蓋城鄉、結構合理、網絡健全、運營有效、惠及全民的公共文化服務體系”的戰略部署下，公共圖書館作爲公共文化服務體系的重要組成部分，迎來了一個新的發展機遇期。爲了搶抓發展機遇，謀求湖北省公共圖書館事業的科學發展、跨越發展，湖北省文化廳與湖北省圖書館經過充分醞釀和精心籌劃，著手編纂《楚天智海叢書》《精神家園叢刊》和《長江文庫》三套叢書，分别著眼於圖書館事業發展研究、讀者服務工作研究和文獻研究，期望以此促進湖北公共圖書館領域學術研究和事業建設的協同發展。

希望湖北省圖書館能夠以新館建設爲契機，進一步提高服務水準，提升服務能力，在完善覆蓋全省的公共圖書館服務體系中發揮龍頭作用，爲湖北由文化大省向文化強省的跨越發展作出新的更大貢獻。

國家圖書館館長　周和平

二〇一二年十月

序

人類在社會實踐中創造了豐富多彩的物質世界，也營造出自己的精神家園。書籍記載歷史，也積累和傳承人類所創造的智慧。因此，文化典籍均爲歷朝歷代所重視。

荆楚多瑰寶，僅荆門郭店楚簡、雲夢睡虎地秦簡、江陵張家山漢簡，足使世人驚歎良久。湖北多傑作，我國最早的抒情長詩《離騷》，我國第一部記載區域節日風俗的典籍《荆楚歲時記》，世界上最早的茶學專著《茶經》，已令學人世代傳誦。

得益於歷史的積澱，湖北收藏的古籍汗牛充棟，其中不乏珍貴古籍，尤其是孤本、鈔稿本、名家批校本和稀見鄉邦文獻。鄂州王家壁、嘉魚劉心源和宜都楊守敬之手稿，本省有幸收藏。漢陽劉傳瑩、武昌柯逢時、蘄春黄侃及武昌徐行可之舊藏，不僅大大充實了湖北的古籍收藏，字裏行間的批校題跋更凸顯其學術價值。楚學精廬、陽新石榮璋舊藏，無疑豐富了鄉邦文獻。

在省委省政府的領導下，我省一直高度重視對古籍的收藏和整理利用。早在上世紀五十年代，中南文化局撥款收購蒲圻張國淦所藏地方志，一舉奠定了湖北在全國方志收藏方面的優勢。省內各古籍收藏單位積極參與《續修四庫全書》《四庫全書存目叢書》《四庫禁毁書叢刊》《四庫未收書輯刊》《中國古籍善本總目》《中國地方志綜録》《全國中醫古籍總目》等大型叢書或全國性書目的編纂。《文字音韻訓詁知見書目》《中國叢書廣録》《（中南、西南地區省、市圖書館）館藏古籍稿本提要》《中國古籍總目·叢部》等，更是凝聚了湖北古籍專家的心血。

中華古籍保護計劃全面開展以來，我們以落實《國務院辦公廳關於進一步加強古籍保護工作意見》和《湖北省政府辦公廳關於進一步加強古籍保護工作通知》文件精神爲己任，進一步加大了全省古籍保護工作的力度。湖北省古籍保護工作部門聯席會議制度迅速確立，《湖北省古籍普查工作實施方案》旋即制定，省古籍保護中心掛牌成立。數年來，全省建立了一批古籍標準書庫，培養了大量古籍從業人員，古籍保護工作有條不紊地進行。同時，我省積極組織各古籍收藏單位申報國家珍貴古籍名録和國家重點古籍保護單位。截至目前，湖北省210部古籍（含簡牘）入選國家珍貴古籍名録，7家單位入選全國古籍重點保護單位。湖北省政府辦公廳發佈了《湖北省第一批珍貴古籍名録》，省文化廳主持評審了第一批湖北省重點古籍保護單位。

每一部古籍自有其獨特的價值，入選國家珍貴古籍名録者，自然名至實歸。稀見刻本自不待言，海內孤本無須贅語。稿本如戴震《經雅》、陳景雲《柳集點勘》、皮錫瑞《師伏堂日記》、奚大壯等《[咸豐]應城縣志》；清木活字本如《[順治]江陵志餘》；名家批校本如紀昀批校《史通訓故補》，何紹基批點《漢書》《後漢書》，王先謙批校《元史新編》；鈐印本如《方元長印譜》；鈔本如《天元直指》《神技編》《朱陵洞稿》等。諸如此類只可在湖北一睹真容。

湖北入選國家珍貴古籍名録的典籍，分屬十餘家收藏單位。爲方便稽覽，湖北省圖書館特意編輯《湖北省國家珍貴古籍名録圖録》。本書既是對我省古籍保護工作的階段性小結，又可展示我省古籍收藏盛況之一斑。

古籍是中華文化一脈相承的載體和見證。保護古籍，是促進文化傳承和弘揚民族精神的需要，是建設社會主義先進文化和構建社會主義和諧社會的需要，是獲取傳統文化滋養和陶冶情操的需要。希望圖書館人以“日與古人親”爲榮，繼續做好古籍的全面保護和合理利用，爲我省文化大發展、大繁榮貢獻更大的力量。

湖北省文化廳黨組書記、廳長　杜建國

二〇一二年十一月八日

凡例

一、收録：本書收録湖北省各圖書收藏機構所藏的，入選經國務院審批頒佈的，第一、二、三批《國家珍貴古籍名録》中的善本古籍；以及第四批國家珍貴古籍名録推薦名單中湖北省圖書收藏機構所藏的善本古籍。

二、編排：圖録部分按照經、史、子、集、叢分類編排，類目相同者按刻本年代排序。

三、著録：依次著録入選古籍的名録號、書名、卷數、著者、版本、版式、鈐印及藏書單位等項。如一書類目完全相同而收藏單位不同，則合併爲一條著録，其收藏單位信息在著録項中注明，以便參考。

四、書影：每種古籍選書影1至3幀不等，一般選擇正文卷端及能夠反映版本特點者。凡一書首卷卷端有缺失、污損、補刻、鈔配者，則選擇其他卷端原刻原印者。一書若有插圖、多色套印、鈐印、名人批校等，則增補書影，以揭示該書版本、特點。

五、拍攝：本書書影均採用原件拍攝。

目 録

經部

史部

附録一

湖北省入選第四批國家珍貴古籍名録推薦名單圖録

附録二

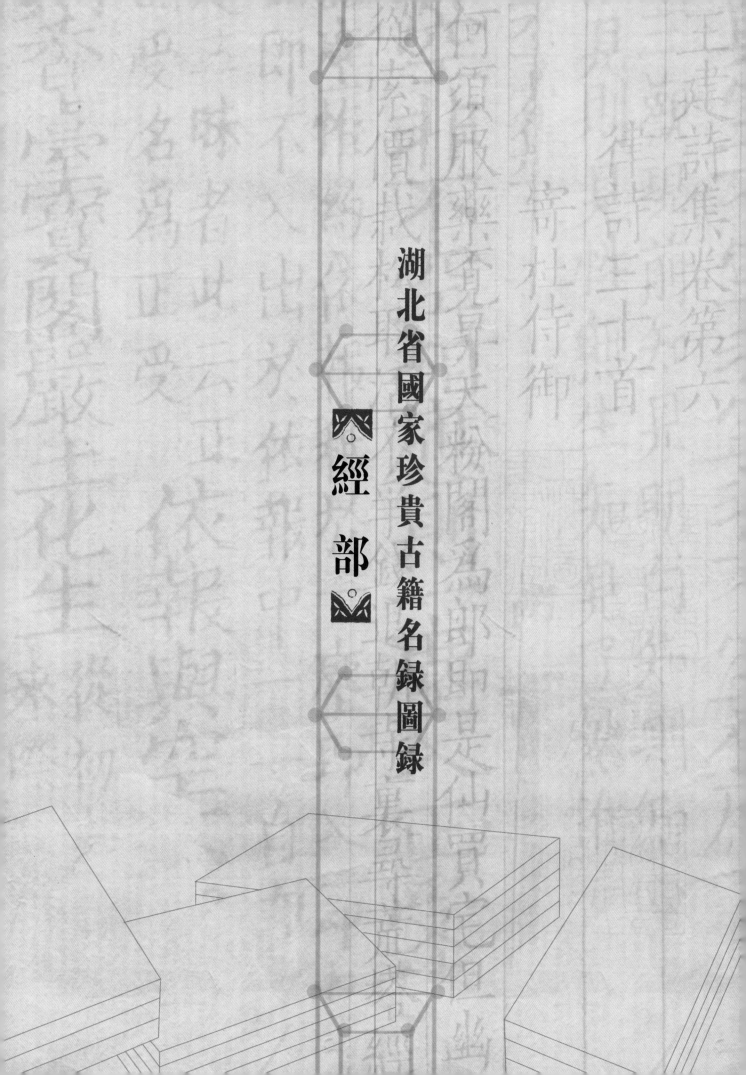

湖北省國家珍貴古籍名録圖録

經部

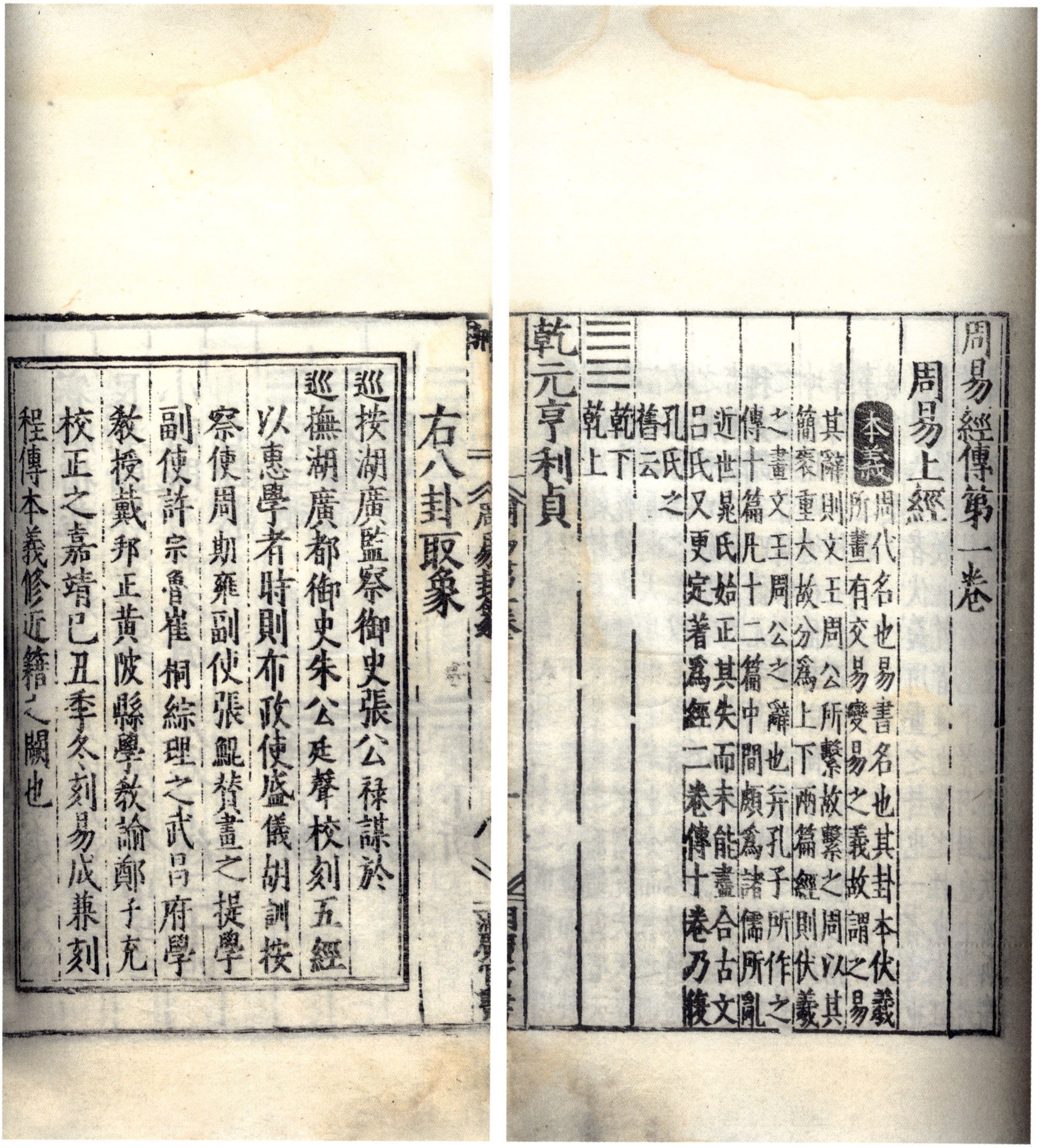

03221 周易經傳傳義二十四卷 （宋）程頤　朱熹撰　**上下篇義一卷** （宋）程頤撰　**朱子圖説一卷五贊一卷筮儀一卷** （宋）朱熹撰

明嘉靖八年（1529）張禄、朱廷聲等刻五經本

框高18.5厘米，寬13.5厘米。半葉九行，行十七字，小字雙行同，白口，左右雙邊，雙綫魚尾。武漢大學圖書館藏。

讀易一鈔

也夫

皇明崇禎十五年歲在壬午春王正月甫

東董守諭謹譔

讀易一鈔卷第一

明甬東董守諭次公氏編纂

周易上經

乾上
乾下

對　坤

乾

即卦名即文字韻書顛先切三巔因切字書皆混作天字三　下

天

一陽二陽三陽以氣言則健後升上以形言為頂三、上四陽五陽

六陽以氣言則健覆臨下以形言為蓋三、全體六陽為渾　周

讀易一鈔

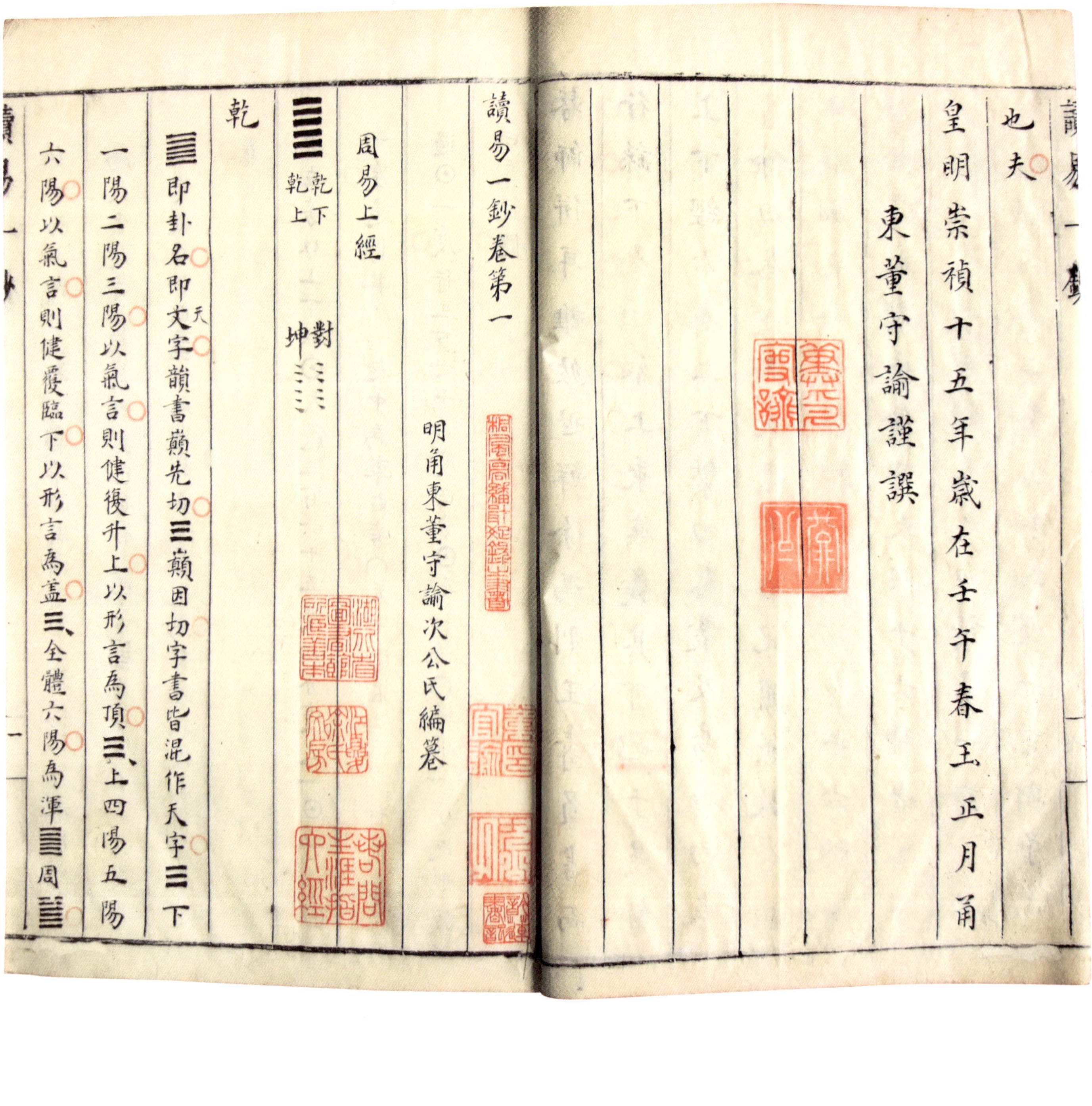

07270 讀易一鈔十卷易廣四卷 （清）董守諭撰　稿本

框高24.7厘米，寬16.4厘米。半葉八行，行二十六字，白口，四周單邊，無魚尾。鈐"董守諭印"、"四明盧氏抱經樓藏書印"、"徐恕讀過"等印。湖北省圖書館藏。

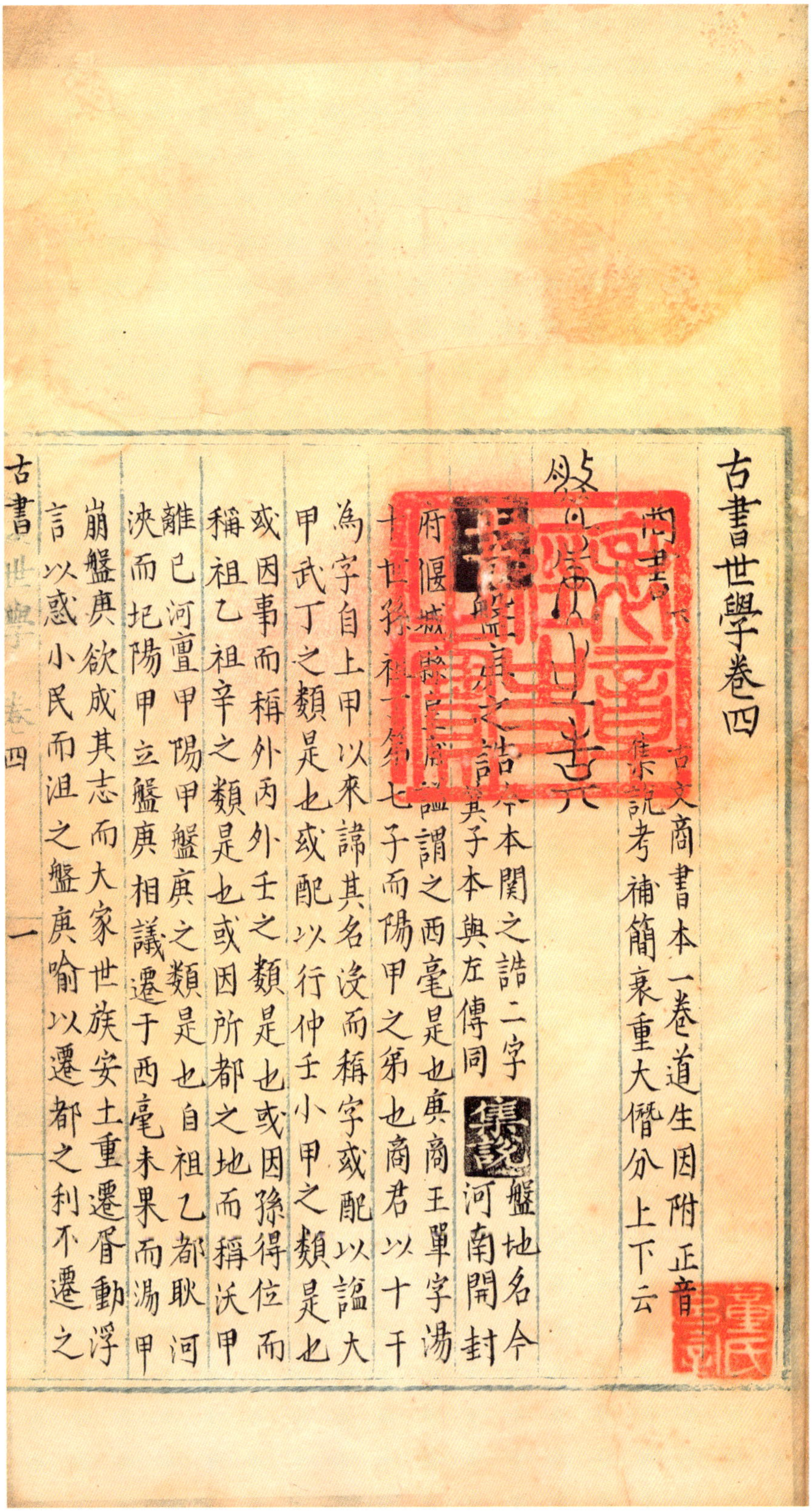
古書世學卷四

古文商書本一卷道生因附正音 集說考補簡褱重大僭分上下云

盤[illegible]

尚書[illegible]盤[illegible]之誥本本閔之誥二字 其子本與左傳同 集說 盤地名今河南開封

府偃城縣[illegible]諡謂之西亳是也庚商王單字湯 十世孫祖丁之弟七子而陽甲之弟也商君以十干

為字自上甲以來諱其名沒而稱字或配以謚大

甲武丁之類是也或配以行仲壬小甲之類是也

或因事而稱外丙外壬之類是也或因孫得位而

稱祖乙祖辛之類是也或因所都之地而稱沃甲

離已河亶甲陽甲盤庚之類是也自祖乙都耿河

決而圮陽甲立盤庚相議遷于西亳未果而湯甲

崩盤庚欲成其志而大家世族安土重遷胥動浮

言以惑小民而沮之盤庚喻以遷都之利不遷之

古書世學 卷四 一

03251 古書世學六卷 （明）豐坊撰　清稿本

框高19.9厘米，寬17厘米。半葉九行，行二十字，小字雙行同，白口，藍格，四周雙邊，無魚尾。《中國古籍善本書目》本館報片定爲“明鈔本”，現審改爲“清稿本”。鈐“表章經史之寶”、“黃岡劉氏紹炎過眼”、“黃岡劉氏校書堂藏書記”等印。湖北省圖書館藏。

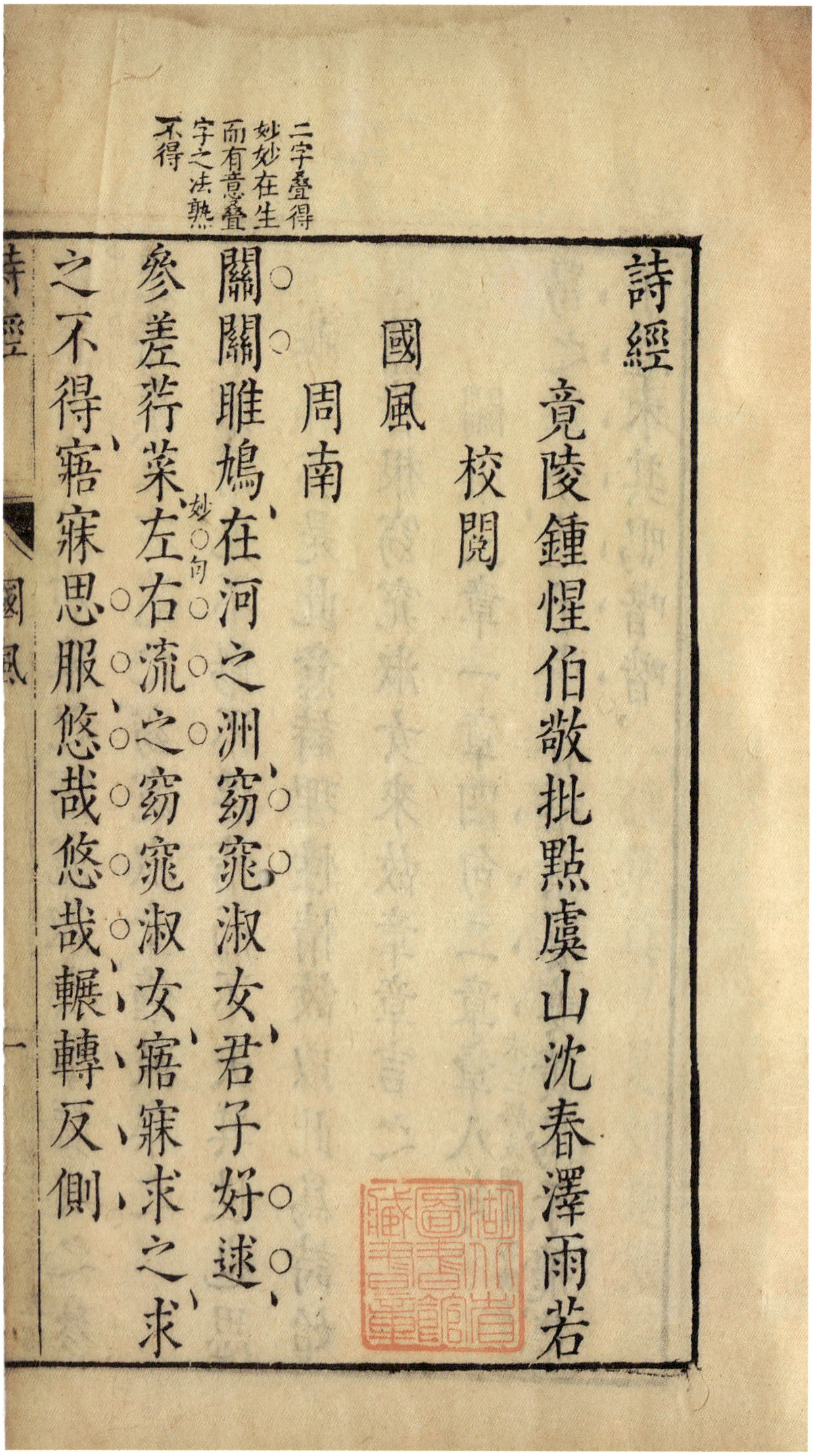
二字疊得妙妙在生而有意疊字之法熟不得

詩經
竟陵鍾惺伯敬批點虞山沈春澤雨若
校閲
國風
周南
關關雎鳩在河之洲窈窕淑女君子好逑
參差荇菜左右流之窈窕淑女寤寐求之求
之不得寤寐思服悠哉悠哉輾轉反側

妙句

詩經 國風 一

01321 詩經四卷 （明）鍾惺批點 （明）沈春澤校閲 明泰昌元年（1620）刻本

框高19.3厘米，寬12.4厘米。半葉八行，行十七字，白口，四周單邊，單黑魚尾。湖北省圖書館藏。

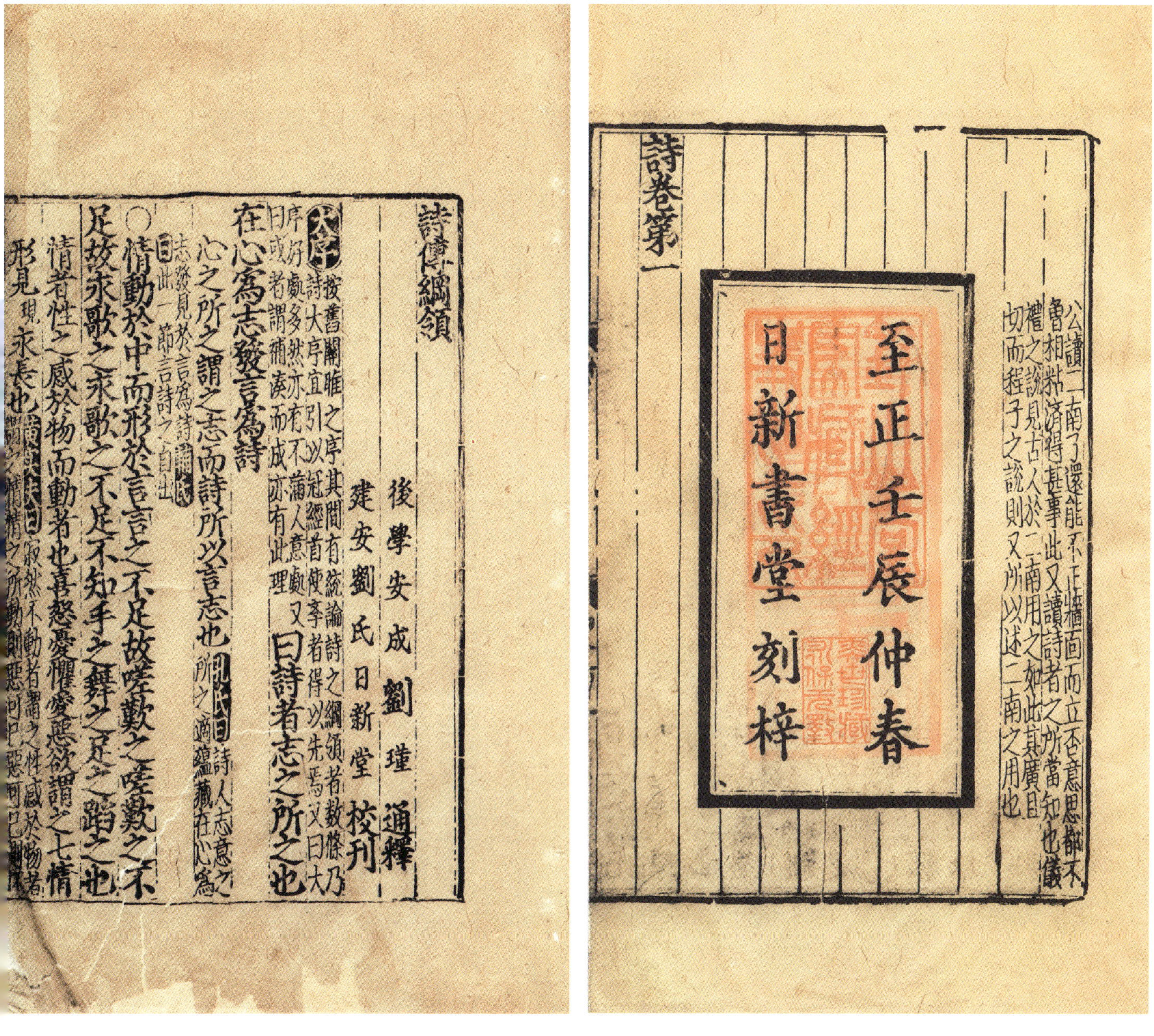

00244 詩集傳通釋二十卷綱領一卷外綱領一卷 （元）劉瑾撰　元至正十二年（1352）建安劉氏日新書堂刻本

框高20.2厘米，寬13.4厘米。半葉十二行，行二十三字，小字雙行同，綫黑口，四周雙邊，順黑魚尾。牌記鐫“至正壬辰仲春日新書堂刻梓”。鈐“商輅”、“彝尊讀過”、“鈐山堂家藏經史之印”、“奕世珍藏永保无斁”等印。金鑲玉。湖北省圖書館藏。

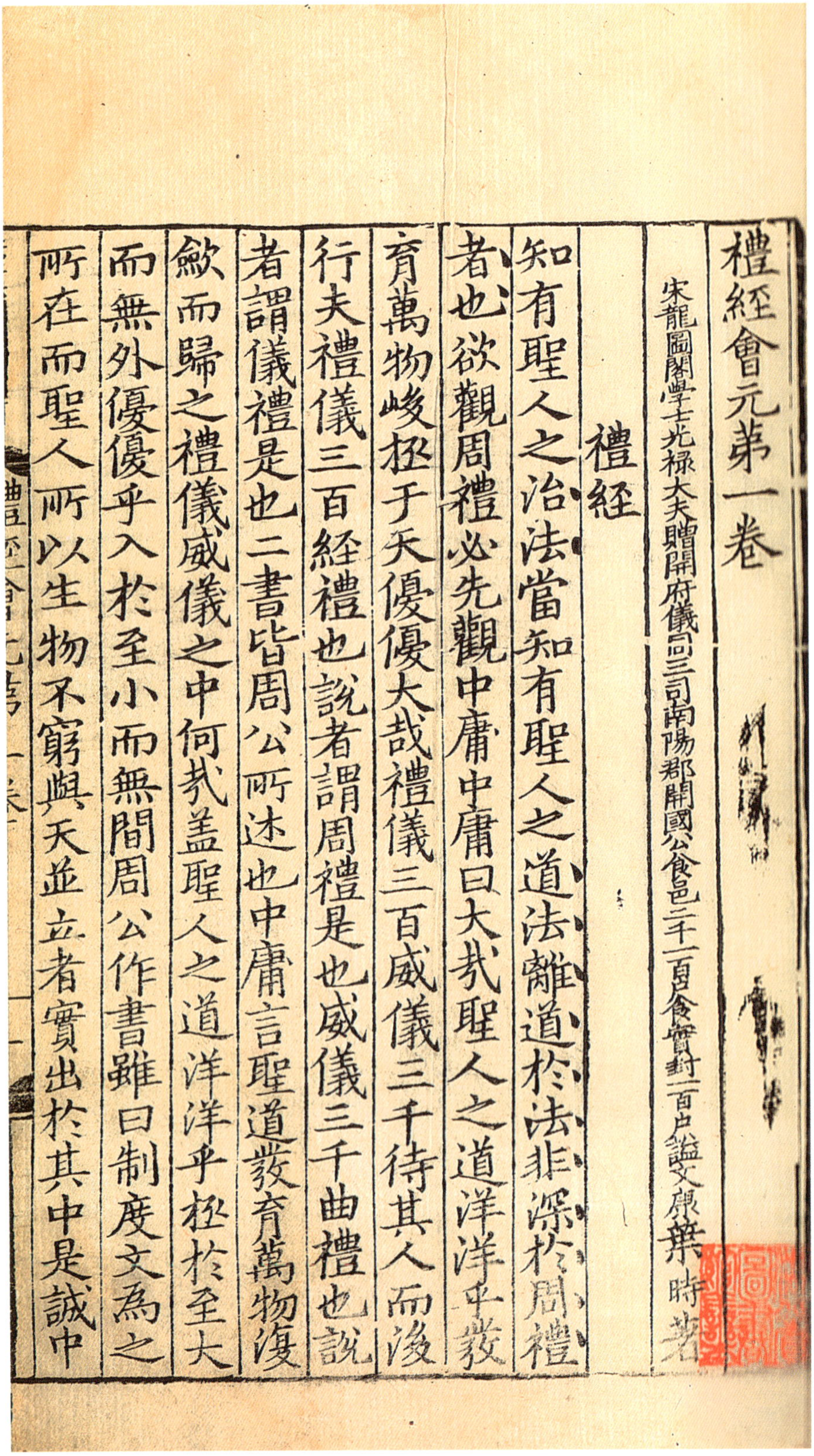
禮經會元第一卷
宋龍圖閣學士光禄大夫贈開府儀同三司南陽郡開國公食邑二千一百戶食實封一百戶謚文康葉時著
禮經
知有聖人之治法當知有聖人之道法離道於法非深於周禮
者也欲觀周禮必先觀中庸中庸曰大哉聖人之道洋洋乎發
育萬物峻極于天優優大哉禮儀三百威儀三千待其人而後
行夫禮儀三百經禮也說者謂周禮是也威儀三千曲禮也說
者謂儀禮是也二書皆周公所述也中庸言聖道發育萬物復
斂而歸之禮儀威儀之中何哉盖聖人之道洋洋乎極於至大
而無外優優乎入於至小而無間周公作書雖曰制度文爲之
所在而聖人所以生物不窮與天並立者實出於其中是誠中

00257 禮經會元四卷 （宋）葉時撰　元至正二十六年（1366）潘元明刻明修本

框高20.3厘米，寬14.6厘米。半葉十一行，行二十四字，黑口，左右雙邊，對黑魚尾。湖北省圖書館藏。

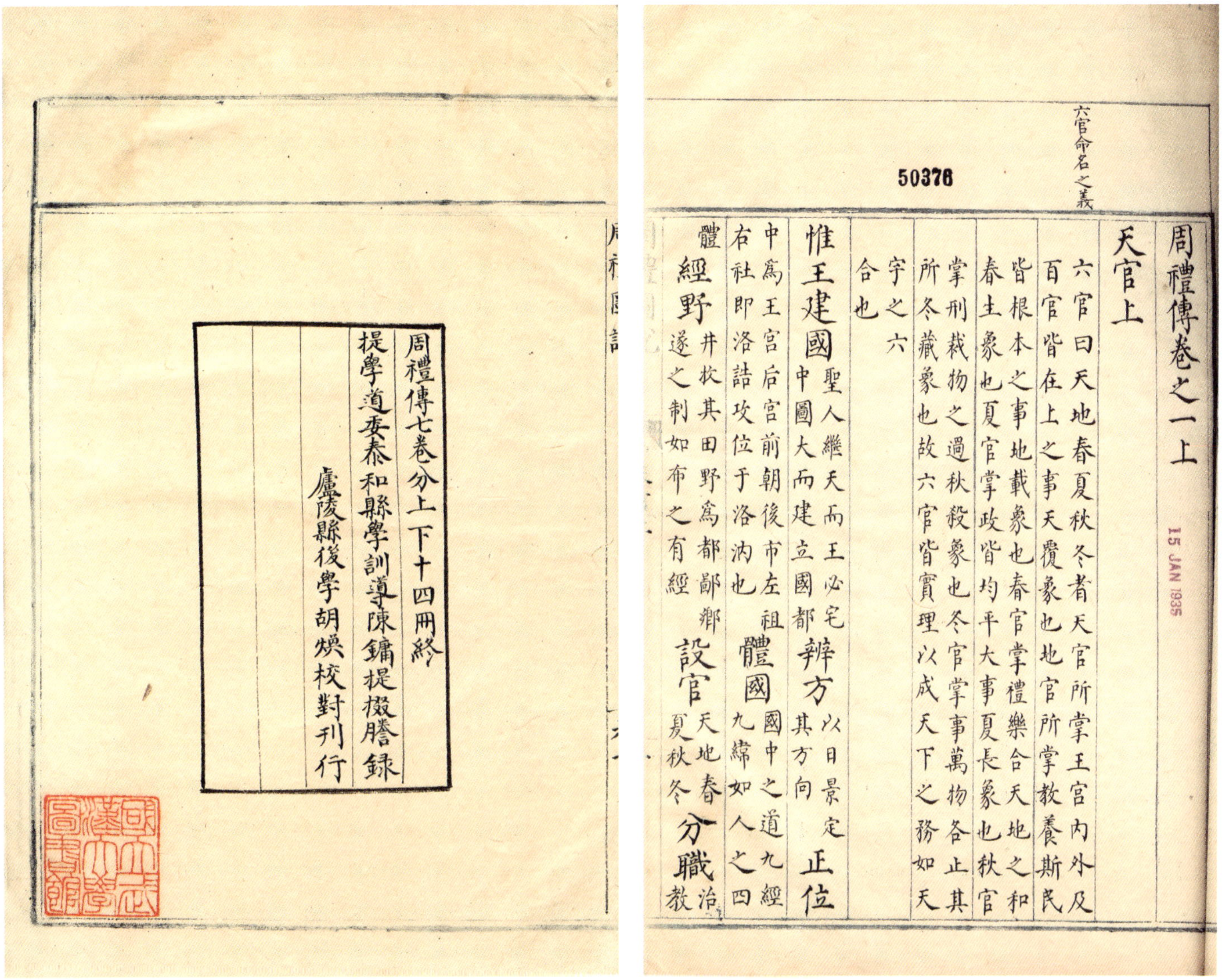

07320 周禮傳五卷翼傳二卷圖説二卷 （明）王應電撰　（明）陳鏞謄録　明鈔本

框高20.4厘米，寬17.4厘米。半葉九行，行二十字，小字雙行同，藍格，兩節版，四周雙邊，單藍魚尾。武漢大學圖書館藏。

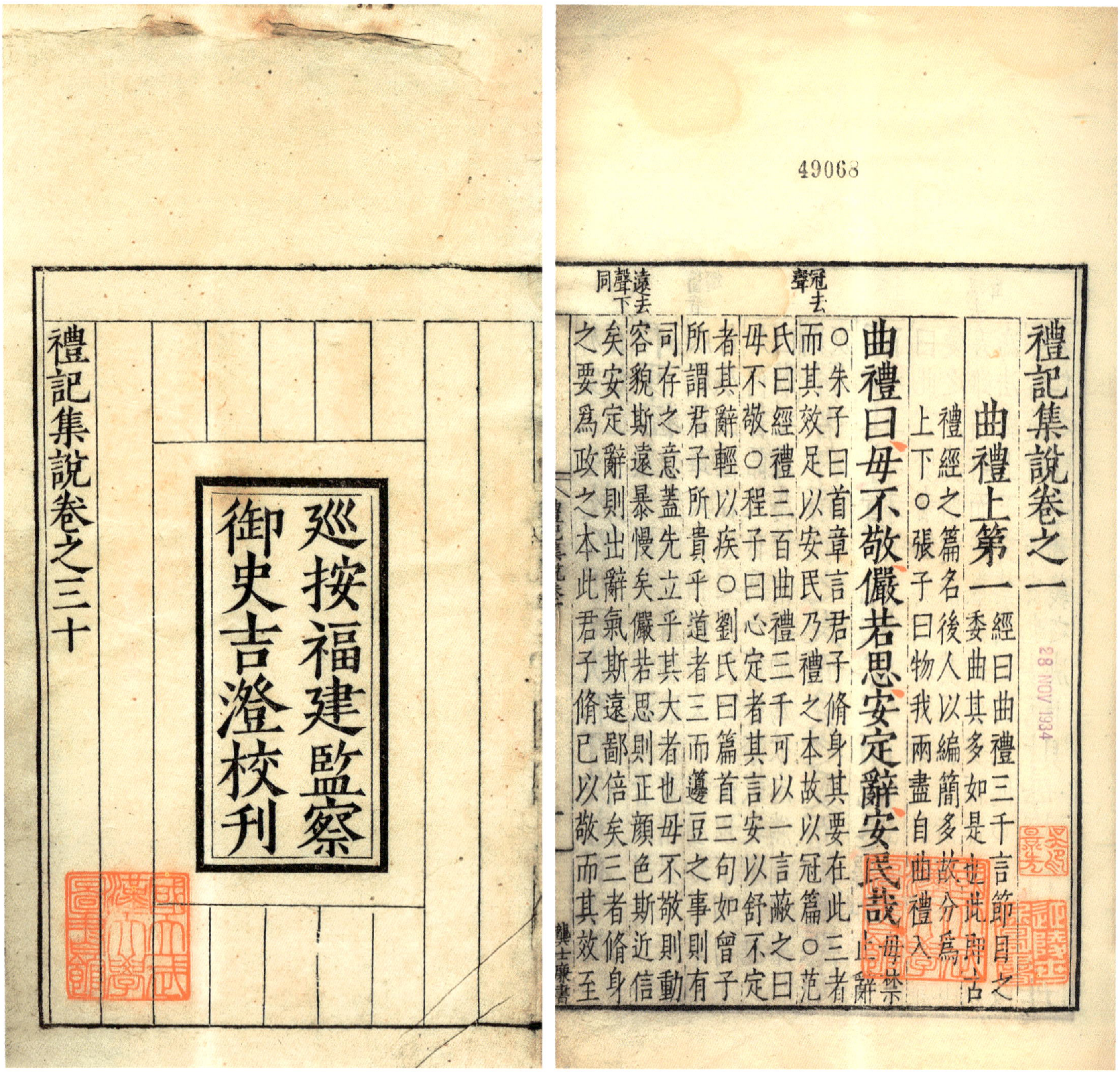

禮記集説卷之三十

巡按福建監察
御史吉澄校刊

禮記集説卷之一

曲禮上第一 經曰曲禮三千言節目之

曲禮曰毋不敬儼若思安定辭安民哉 毋禁

03307 禮記集説三十卷 （元）陳澔撰　明嘉靖吉澄刻本

框高20.5厘米，寬14.5厘米。半葉九行，行十七字，小字雙行同，兩節版，
白口，左右雙邊，單綫魚尾。鈐"世篤忠貞"、"吳景先印"、"延陵世保
圖書"等印。武漢大學圖書館藏。

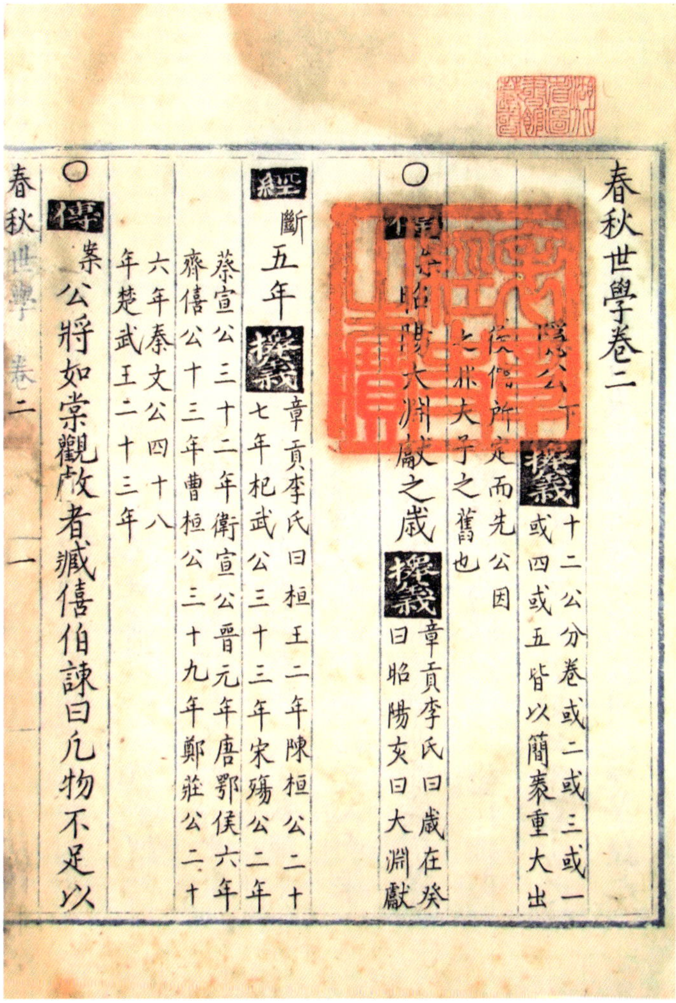
春秋世學卷二
[illegible]隱公下 擇義 十二公分卷或二或三或一或四或五皆以簡袠重大出
[illegible]傳所定而先公因[illegible]大子之舊也
○[illegible]昭陽大淵獻之歲 擇義 章貢李氏曰歲在癸曰昭陽亥曰大淵獻
經 斷 五年 擇義 章貢李氏曰桓王二年陳桓公二十七年杞武公三十三年宋殤公二年
蔡宣公三十二年衛宣公晉元年唐鄂侯六年齊僖公十三年曹桓公三十九年鄭莊公二十
六年秦文公四十八年楚武王二十三年
○傳 案公將如棠觀魚者臧僖伯諫曰凡物不足以
春秋世學 卷二 一

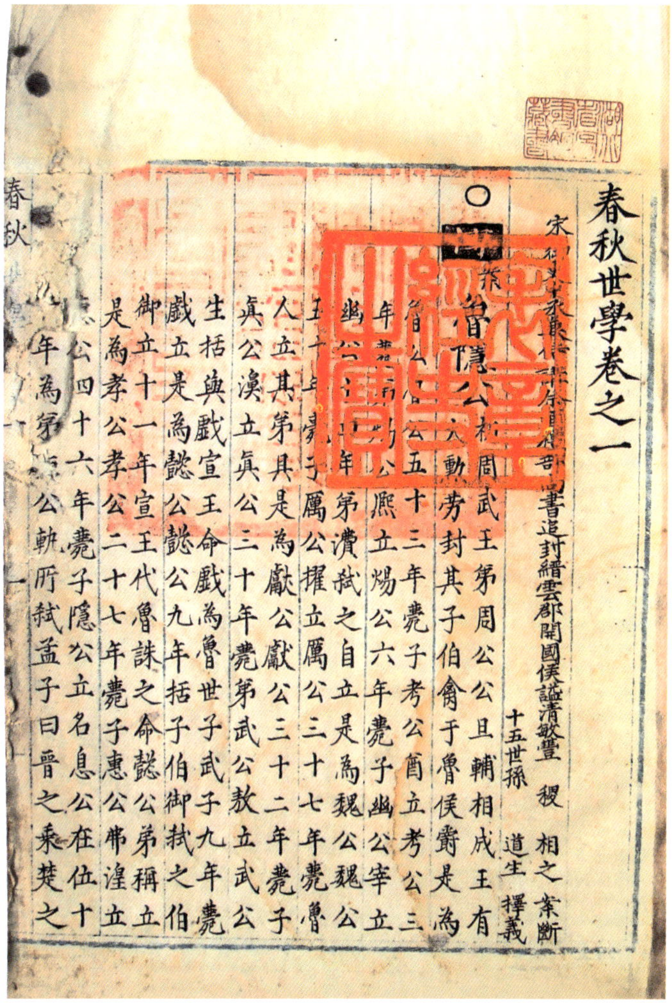
春秋世學卷之一
宋[illegible]書追封縉雲郡開國侯謚清敏豐稷相之 案斷
十五世孫道生 擇義
○經 [illegible]隱公[illegible]周武王弟周公旦輔相成王有
[illegible]動勞封其子伯禽于魯侯爵是為
[illegible]公五十三年薨子考公酋立考公三
年薨[illegible]公熙立煬公六年薨子幽公宰立
幽公[illegible]年第濆弒之自立是為魏公魏公
五十[illegible]薨子厲公擢立厲公三十七年薨魯
人立其弟具是為獻公獻公三十二年薨子
眞公濞立眞公三十年薨弟武公敖立武公
生括與戲宣王命戲為魯世子武子九年薨
戲立是為懿公懿公九年括子伯御弒之伯
御立十一年宣王代魯誅之命懿公弟稱立
是為孝公孝公二十七年薨子惠公弗湟立
惠公四十六年薨子隱公立名息公在位十
年為弟[illegible]公軌所弒孟子曰晉之乘楚之
春秋

03367 春秋世學三十三卷 （明）豐坊撰　清稿本

框高19.9厘米，寬17厘米。半葉九行，行二十字，小字雙行同，藍格，白口，四周雙邊，無魚尾。《中國古籍善本書目》本館報片定爲“明鈔本”，現審改爲“清稿本”。鈐“表章經史之寶”印。湖北省圖書館藏。

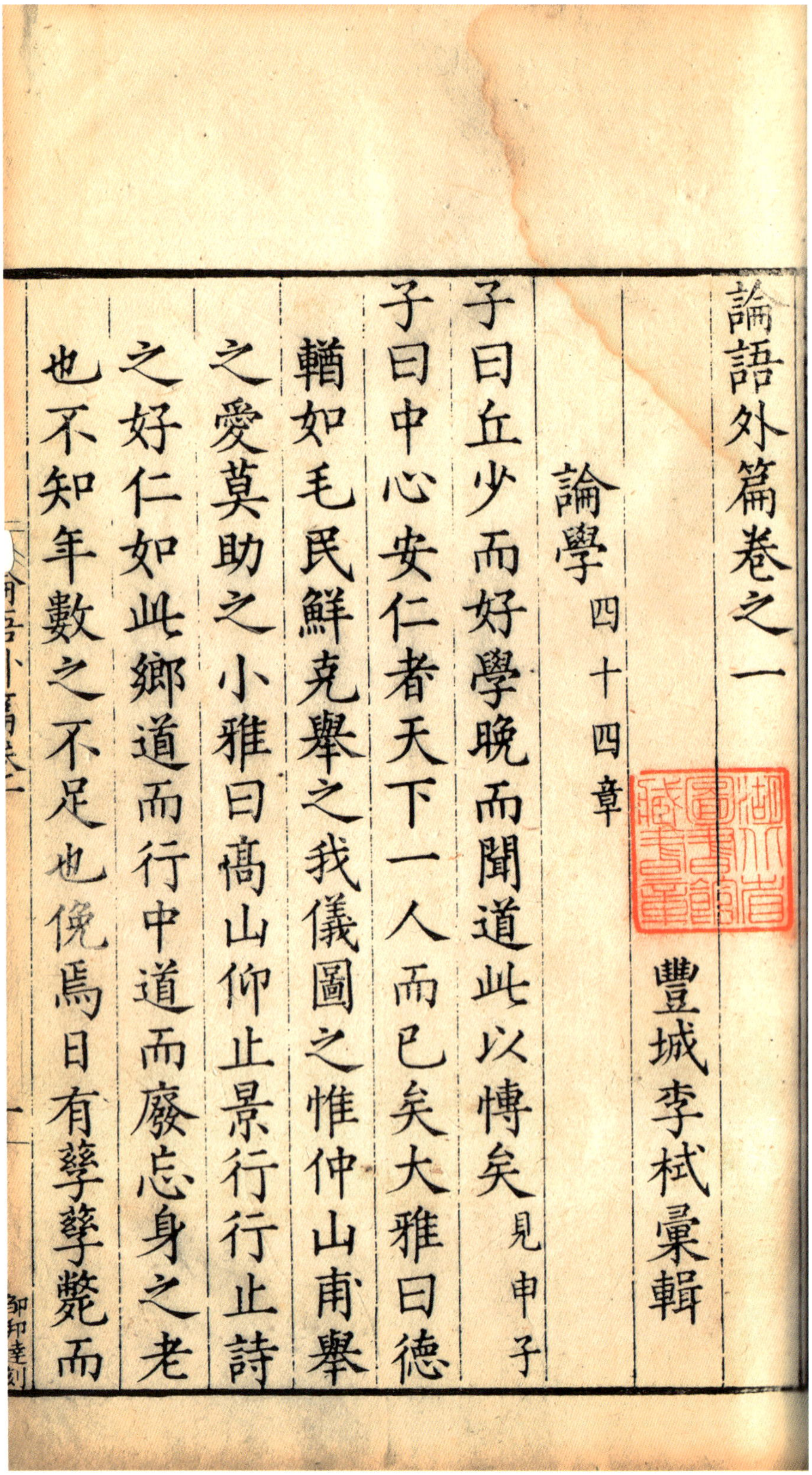
論語外篇卷之一
豐城李栻彙輯
論學 四十四章
子曰丘少而好學晚而聞道此以愽矣見申子
子曰中心安仁者天下一人而已矣大雅曰德
輶如毛民鮮克舉之我儀圖之惟仲山甫舉
之愛莫助之小雅曰高山仰止景行行止詩
之好仁如此鄉道而行中道而廢忘身之老
也不知年數之不足也俛焉日有孶孶斃而

07392 論語外篇十八卷 （明）李栻輯　明萬曆刻本

框高20.2厘米，寬14.8厘米。半葉九行，行十八字，白口，左右雙邊，單綫魚尾。湖北省圖書館藏。

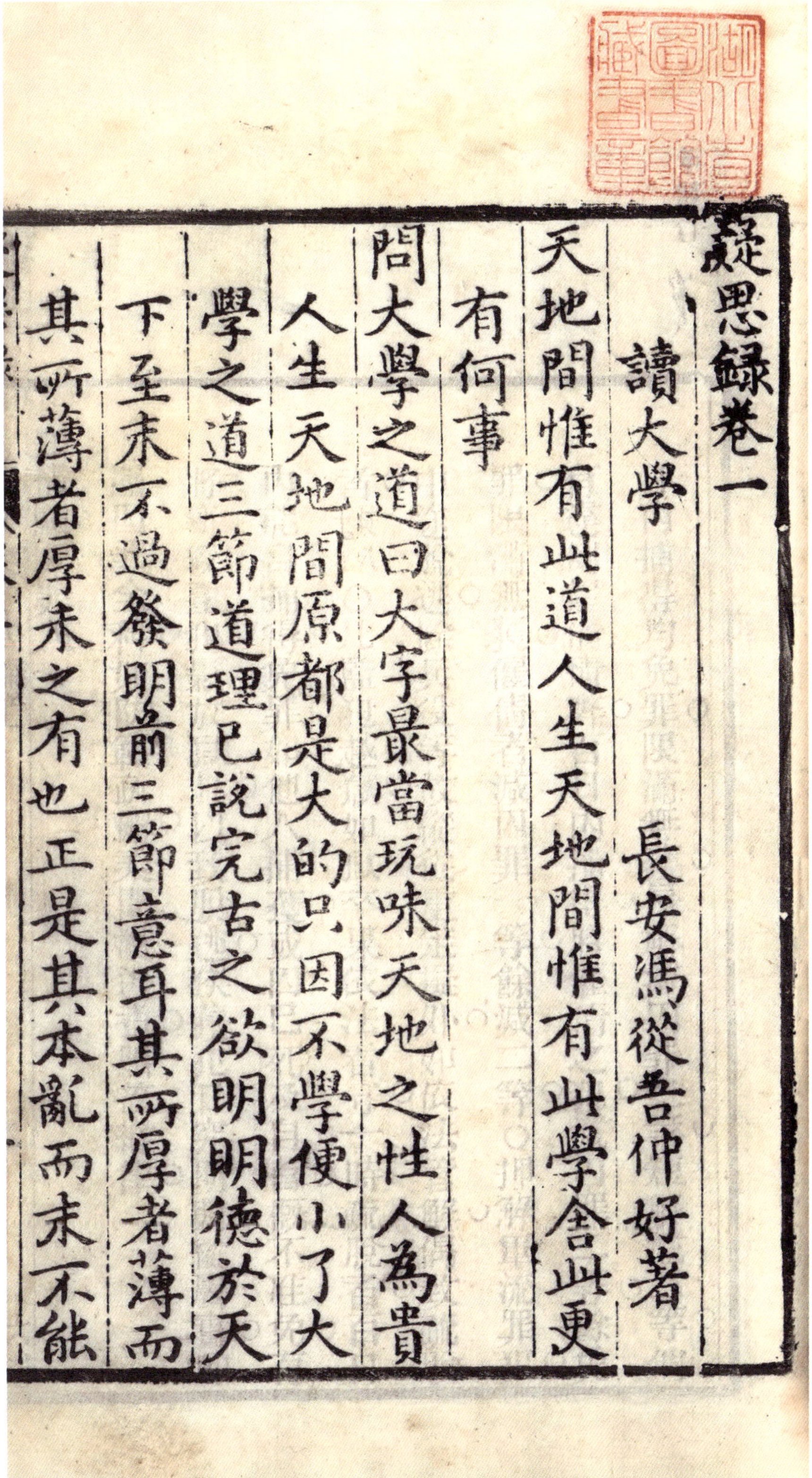
疑思録卷一
讀大學　長安馮從吾仲好著
天地間惟有此道人生天地間惟有此學舍此更
有何事
問大學之道曰大字最當玩味天地之性人爲貴
人生天地間原都是大的只因不學便小了大
學之道三節道理已說完古之欲明明德於天
下至末不過發明前三節意耳其所厚者薄而
其所薄者厚未之有也正是其本亂而末不能

07414 疑思録六卷 （明）馮從吾撰　明萬曆武用望等刻本

框高18.8厘米，寬13厘米。半葉九行，行十九字，白口，四周單邊，單黑魚尾。湖北省圖書館藏。

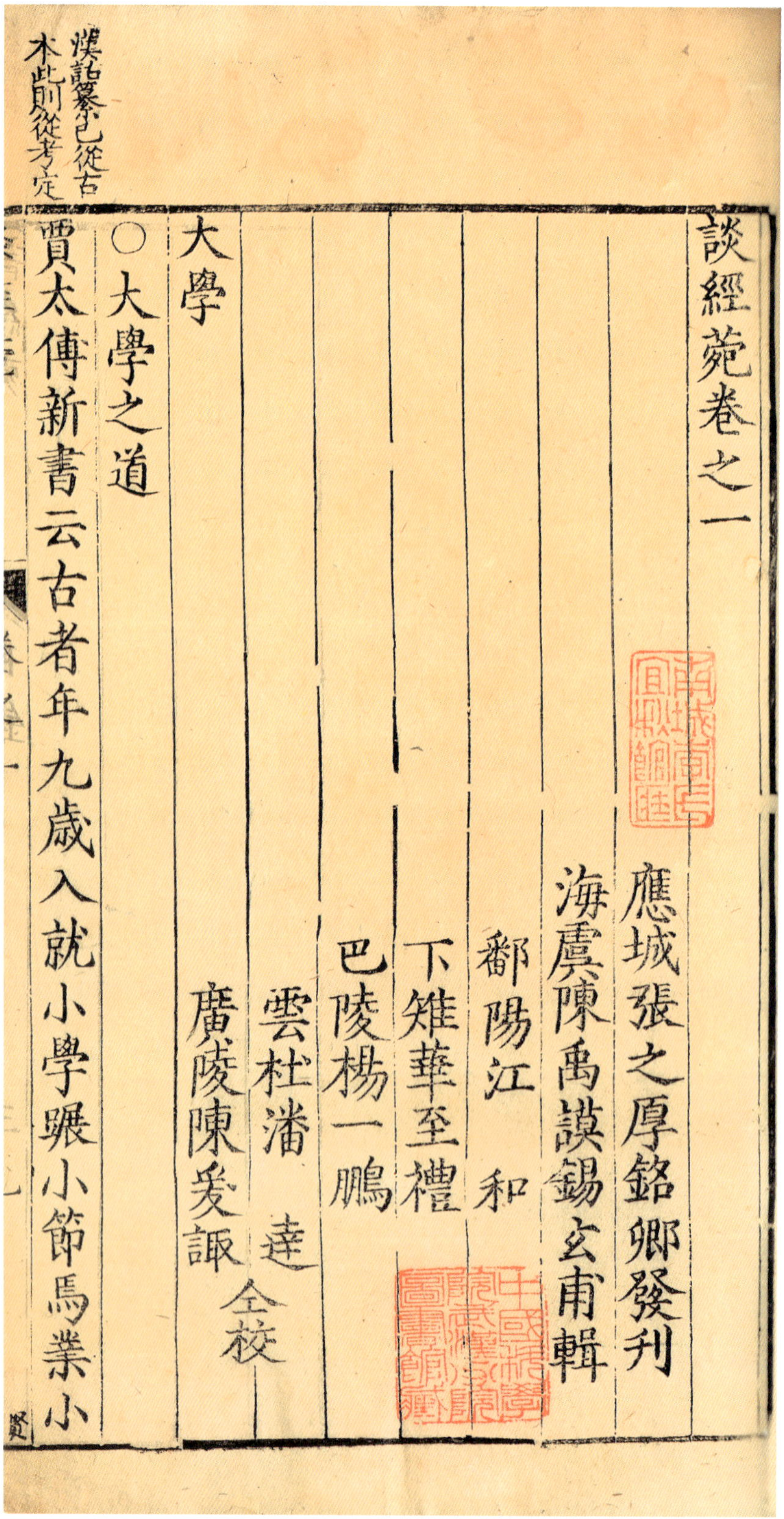
漢詁纂已從古本此則從考定

談經苑卷之一
應城張之厚銘卿發刊
海虞陳禹謨錫玄甫輯
鄱陽江　和
下雉華至禮
巴陵楊一鵬
雲杜潘　達
廣陵陳爰諏　仝校
大學
○大學之道
賈太傅新書云古者年九歲入就小學蹍小節焉業小

07415　談經菀四十卷　（明）陳禹謨輯　明萬曆張之厚刻本

框高23.3厘米，寬15厘米。半葉十行，行二十一字，白口，左右雙邊，單黑魚尾。鈐“南城李氏宜秋館藏”印。湖北省圖書館藏。

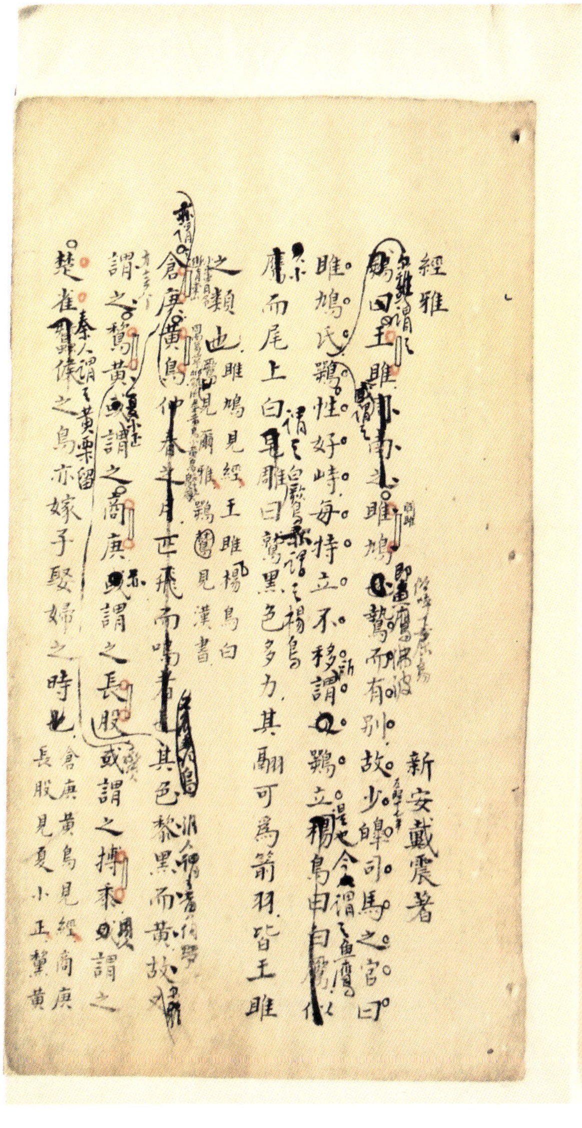

03411 經雅不分卷 （清）戴震撰　清稿本

半葉八行，行二十二字。無欄格。鈐“繼涵之印”、“翰生秘笈”、“南洲”、“濰縣高翰生藏經籍”等印。金鑲玉。湖北省圖書館藏。

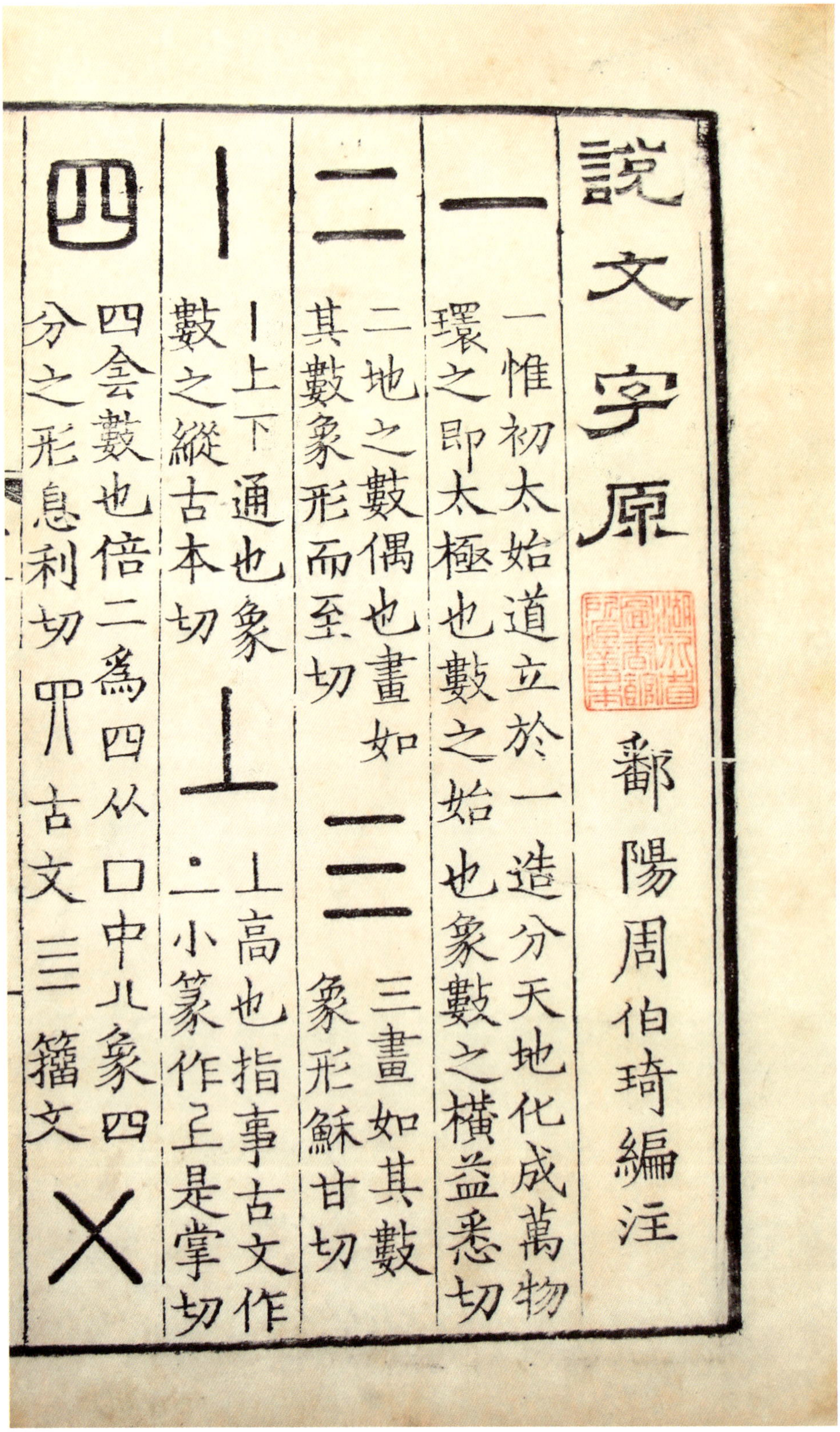
說文字原

鄱陽周伯琦編注

一　一惟初太始道立於一造分天地化成萬物環之即太極也數之始也象數之橫益悉切

二　二地之數偶也晝如其數象形而至切

三　三晝如其數象形穌甘切

丨　丨上下通也象數之縱古本切

丄　丄高也指事古文作丄小篆作上是掌切

四　四会數也倍二爲四从口中儿象四分之形息利切𦉭古文亖籒文

㐅

07447 說文字原一卷　（元）周伯琦編注　明嘉靖元年（1522）于鏊刻本

框高25.2厘米，寬15.5厘米。半葉五行，行小字二十一字，綫黑口，左右雙邊，單黑魚尾。湖北省圖書館藏。

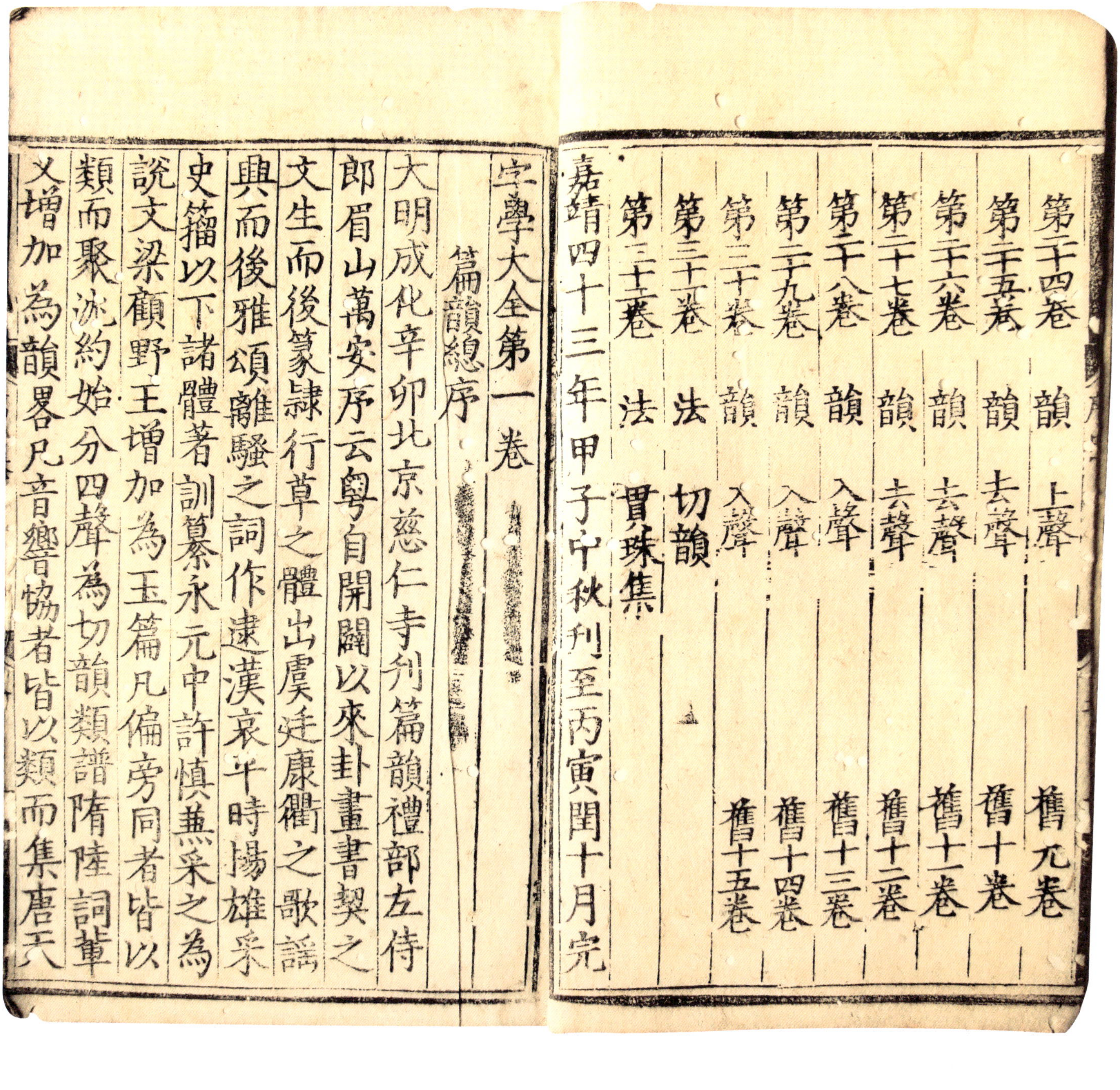
第二十四卷　韻　上聲　舊九卷
第二十五卷　韻　去聲　舊十卷
第二十六卷　韻　去聲　舊十一卷
第二十七卷　韻　去聲　舊十二卷
第二十八卷　韻　入聲　舊十三卷
第二十九卷　韻　入聲　舊十四卷
第三十卷　韻　入聲　舊十五卷
第三十一卷　法　切韻
第三十二卷　法　貫珠集
嘉靖四十三年甲子中秋刊至丙寅閏十月完

字學大全第一卷
篇韻總序
大明成化辛卯北京慈仁寺刊篇韻禮部左侍郎眉山萬安序云粵自開闢以來卦畫書契之文生而後篆隷行草之體出虞廷賡歌之謠興而後雅頌離騷之詞作逮漢哀平時揚雄采史籀以下諸體著訓纂篇永元中許慎兼采之為說文梁顧野王增加為玉篇凡偏旁同者皆以類而聚沈約始分四聲為切韻類譜隋陸詞輩又增加為韻畧凡音響協者皆以類而集唐天

03443　字學大全三十二卷　（明）王三聘編　明嘉靖四十三至四十五年（1564-1566）自刻本

框高23.5厘米，寬15.4厘米。半葉十行，行十八字，黑口，四周雙邊，順黑魚尾。鈐“曾在張春霆處”印。湖北省圖書館藏。

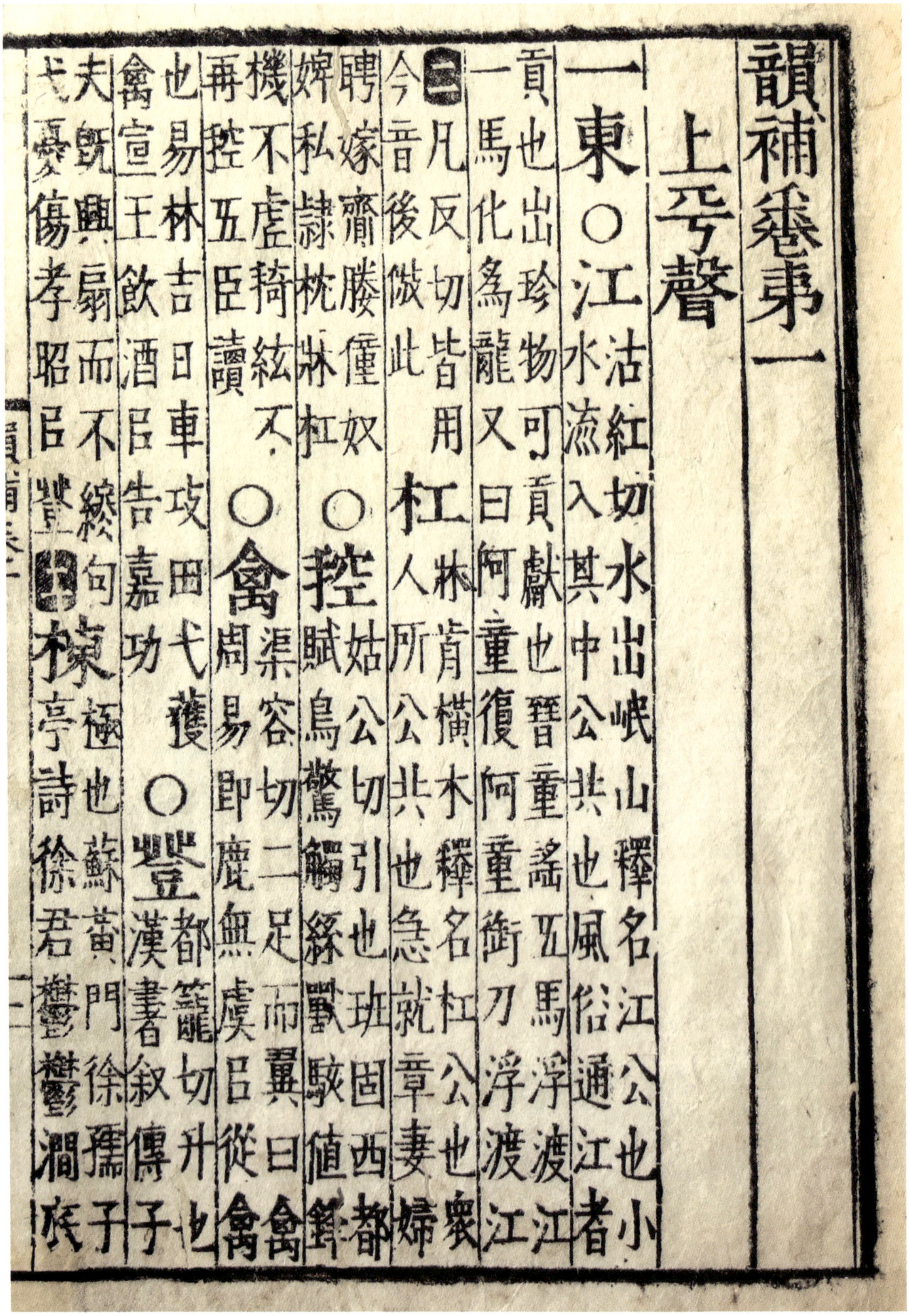
韻補卷弟一

上平聲

一東○江沽紅切水出岷山釋名江公也小水流入其中公共也風俗通江者貢也出珍物可貢獻也晉童謠五馬浮渡江一馬化爲龍又曰阿童復阿童銜刀浮渡江【二】凡反切皆用今音後倣此杠林肯橫木釋名杠公也衆人所公共也急就章妻婦聘嫁齎媵僮奴婢私隸枕牀杠○控姑公切引也班固西都賦鳥驚觸絲獸駭値鋋機不虛掎絃不再控五臣讀○禽渠容切二足而翼曰禽周易即鹿無虞以從禽也易林吉日車攻田弋獲禽宣王飲酒以告嘉功○豐都籠切升也漢書敘傳子夫既興扇而不縱句極也蘇黄門徐孺子弋憂傷孝昭以豐【叶】椶亭詩徐君鬱鬱澗底

07461 韻補五卷 （宋）吴棫撰　明嘉靖許宗魯刻本

框高18.7厘米，寬13.4厘米。半葉九行，行十七字，小字雙行同，綫黑口，左右雙邊，無魚尾。徐恕批校並題識。湖北省圖書館藏。

湖北省國家珍貴古籍名録圖録

史部

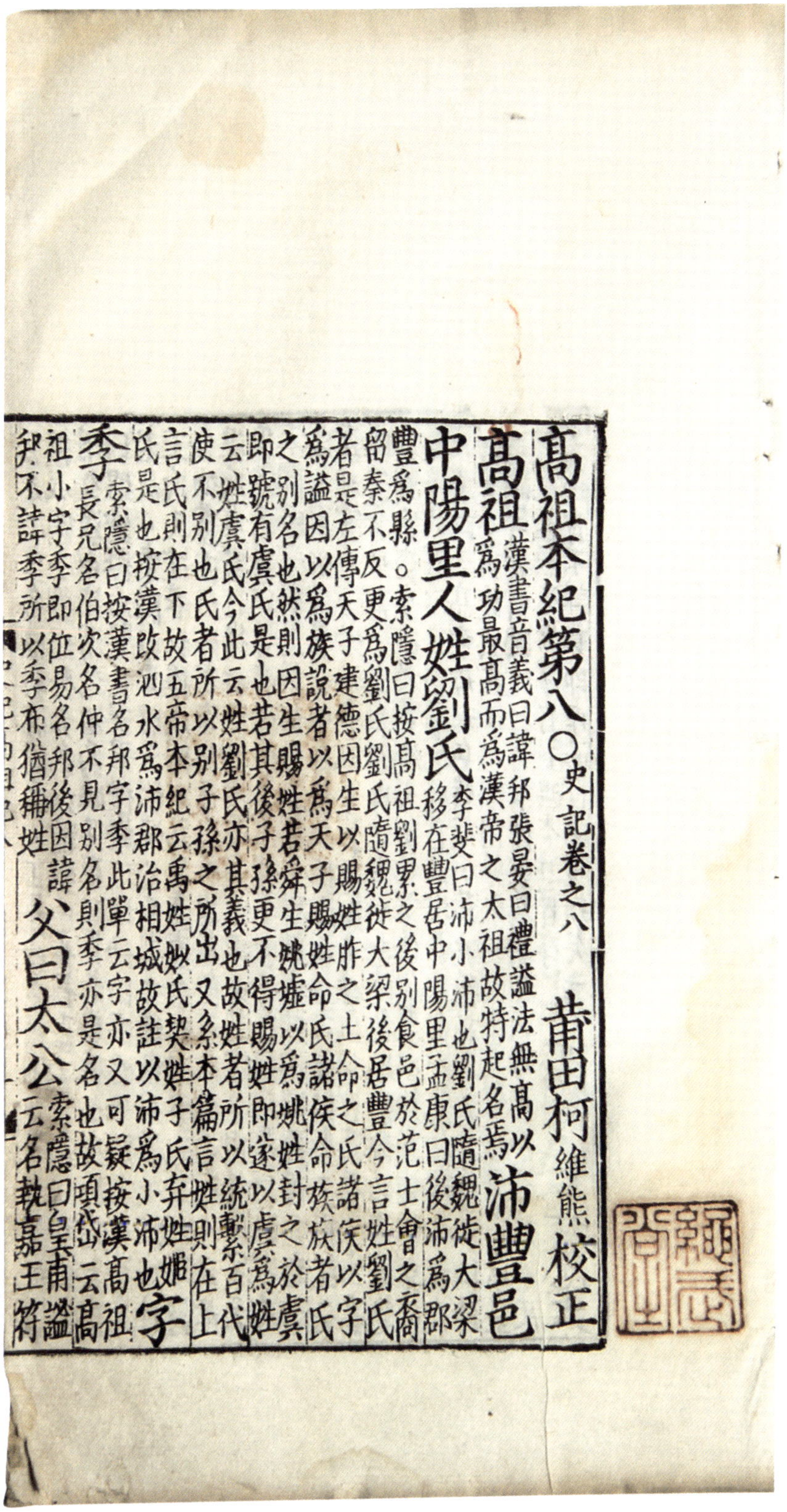
高祖本紀第八○史記卷之八　莆田柯維熊校正
高祖漢書音義曰諱邦張晏曰禮謚法無高以爲功最高而爲漢帝之太祖故特起名焉沛豐邑
中陽里人姓劉氏李斐曰沛小沛也劉氏隨魏徙大梁移在豐居中陽里孟康曰後沛爲郡
豐爲縣。索隱曰按高祖劉累之後別食邑於范士會之裔留秦不反更爲劉氏劉氏隨魏徙大梁後居豐今言姓劉氏
者是左傳天子建德因生以賜姓胙之土命之氏諸侯以字爲謚因以爲族說者以爲天子賜姓命氏諸侯命族族者氏
之別名也然則因生賜姓若舜生姚墟以爲姚姓封之於虞即號有虞氏是也若其後子孫更不得賜姓即遂以虞爲姓
云姓虞氏今此云姓劉氏亦其義也故姓者所以統繫百代使不別也氏者所以別子孫之所出又系本篇言姓則在上
言氏則在下故五帝本紀云禹姓姒氏契姓子氏弃姓姬氏是也按漢改泗水爲沛郡治相城故註以沛爲小沛也字
季索隱曰按漢書名邦字季此單云字亦又可疑按漢高祖長兄名伯次名仲不見別名則季亦是名也故項岱云高
祖小字季即位易名邦後因諱邦不諱季所以季布猶稱姓父曰太公索隱曰皇甫謐云名執嘉王符

03481 史記一百三十卷　（漢）司馬遷撰　（南朝宋）裴駰集解　（唐）司馬貞索隱　（唐）張守節正義　明嘉靖四年（1525）汪諒刻本

框高20厘米，寬12.9厘米。半葉十行，行十八字，小字雙行二十三字，白口，左右雙邊，對黑魚尾。

鈐“繩武堂”印。襄陽市少年兒童圖書館藏。

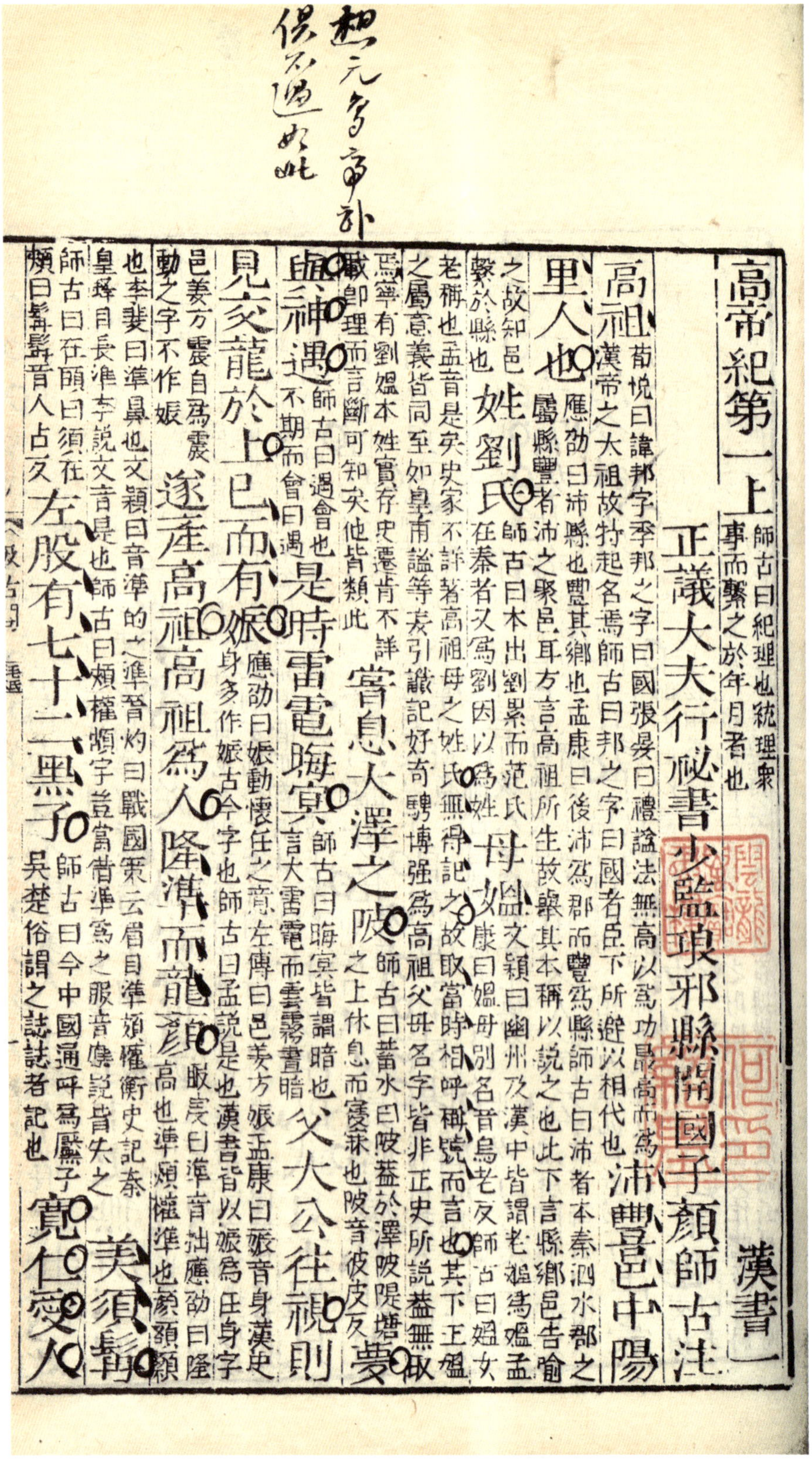

高帝紀第一上 師古曰紀理也統理衆事而繫之於年月者也 漢書一
正議大夫行祕書少監琅邪縣開國子顏師古注
高祖 荀悅曰諱邦字季邦之字曰國張晏曰禮謚法無高以爲功最高而爲漢帝之太祖故特起名焉師古曰邦之字曰國者臣下所避以相代也 沛豐邑中陽
里人也 應劭曰沛縣也豐其鄉也孟康曰後沛爲郡而豐爲縣師古曰沛者本秦泗水郡之屬縣豐者沛之聚邑耳方言高祖所生故舉其本稱以說之也此下言縣鄉邑告喻之故知邑
繫於縣也 姓劉氏 師古曰本出劉累而范氏在秦者又爲劉因以爲姓 母媼 文穎曰幽州及漢中皆謂老嫗爲媼孟康曰媼母別名音烏老反師古曰媼女老稱也孟音是矣史家不詳著高祖母之姓氏無得記之故取當時相呼稱號而言也其下王媼
之屬意義皆同至如皇甫謐等妄引讖記好奇騁博强爲高祖父母名字皆非正史所說蓋無取焉寧有劉媼本姓實存史遷肯不詳載即理而言斷可知矣他皆類此 嘗息大澤之陂 師古曰蓄水曰陂蓋於澤陂隄塘之上休息而寢寐也陂音彼皮反 夢
與神遇 師古曰遇會也不期而會曰遇 是時雷電晦冥 師古曰晦冥皆謂暗也言大雷電而雲霧晝暗 父太公往視則
見交龍於上已而有娠 應劭曰娠動懷任之意左傳曰邑姜方娠孟康曰娠音身漢史身多作娠古今字也師古曰孟說是也漢書皆以娠爲任身字
邑姜方震自爲震動之字不作娠 遂產高祖 高祖爲人隆準而龍顏 服虔曰準音拙應劭曰隆高也準頰權準也顏額顙
也李斐曰準鼻也文穎曰音準的之準晉灼曰戰國策云眉目準頞權衡史記秦皇蜂目長準李斐說文音是也師古曰頰權頞字豈當借準爲之服音應說皆失之 美須髯
師古曰在頤曰須在頰曰髯髯音人占反 左股有七十二黑子 師古曰今中國通呼爲黶子吳楚俗謂之誌誌者記也 寬仁愛人

03537 漢書一百卷 （漢）班固撰 （唐）顏師古注 明崇禎十五年（1642）毛氏汲古閣刻本

框高21.8厘米，寬15.4厘米。半葉十二行，行二十五字，小字雙行三十七字，白口，左右雙邊，單黑魚尾。清何紹基墨筆批點。鈐“雲龍萬寶書樓”、“何紹基印”等印。武漢大學圖書館藏。

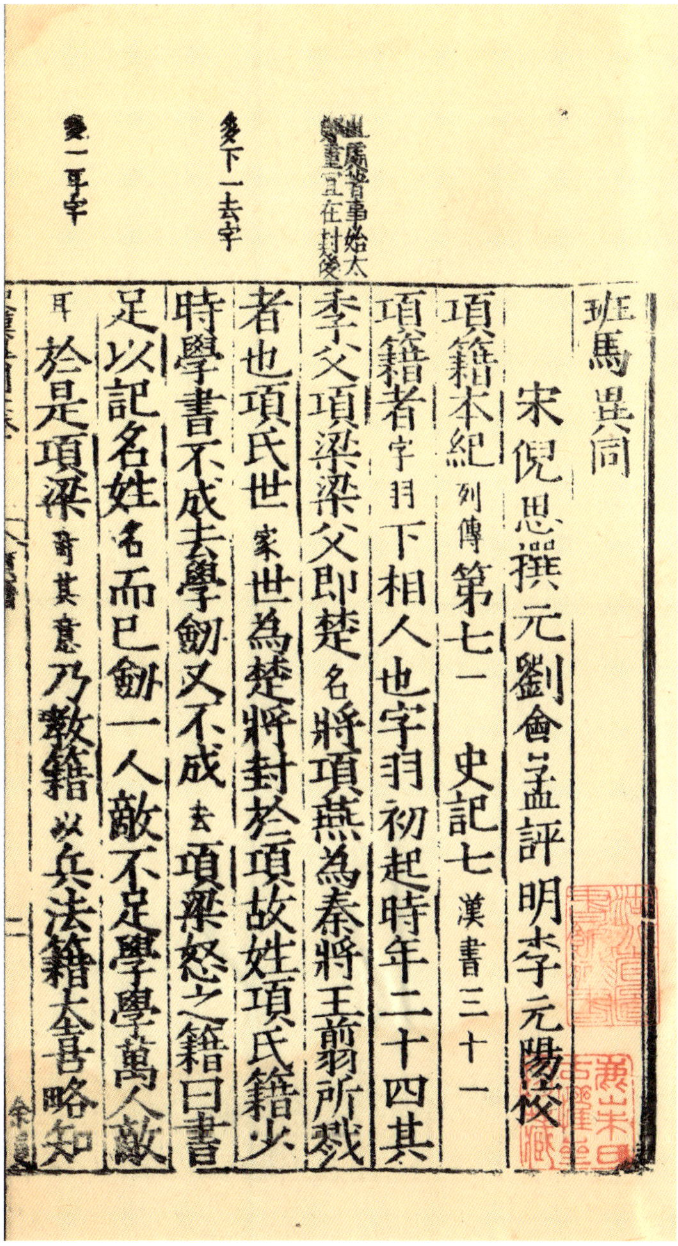
多一耳字
多下一去字
班馬異同
宋倪思撰元劉會孟評明李元陽校
項籍本紀 列傳 第七一 史記七 漢書三十一
項籍者 字羽 下相人也字羽初起時年二十四其
季父項梁梁父即楚 名 將項燕為秦將王翦所戮
者也項氏世 家 世為楚將封於項故姓項氏籍少
時學書不成去學劍又不成 去 項梁怒之籍曰書
足以記名姓 名 而已劍一人敵不足學學萬人敵
耳 於是項梁 奇其意 乃教籍 以 兵法籍大喜略知

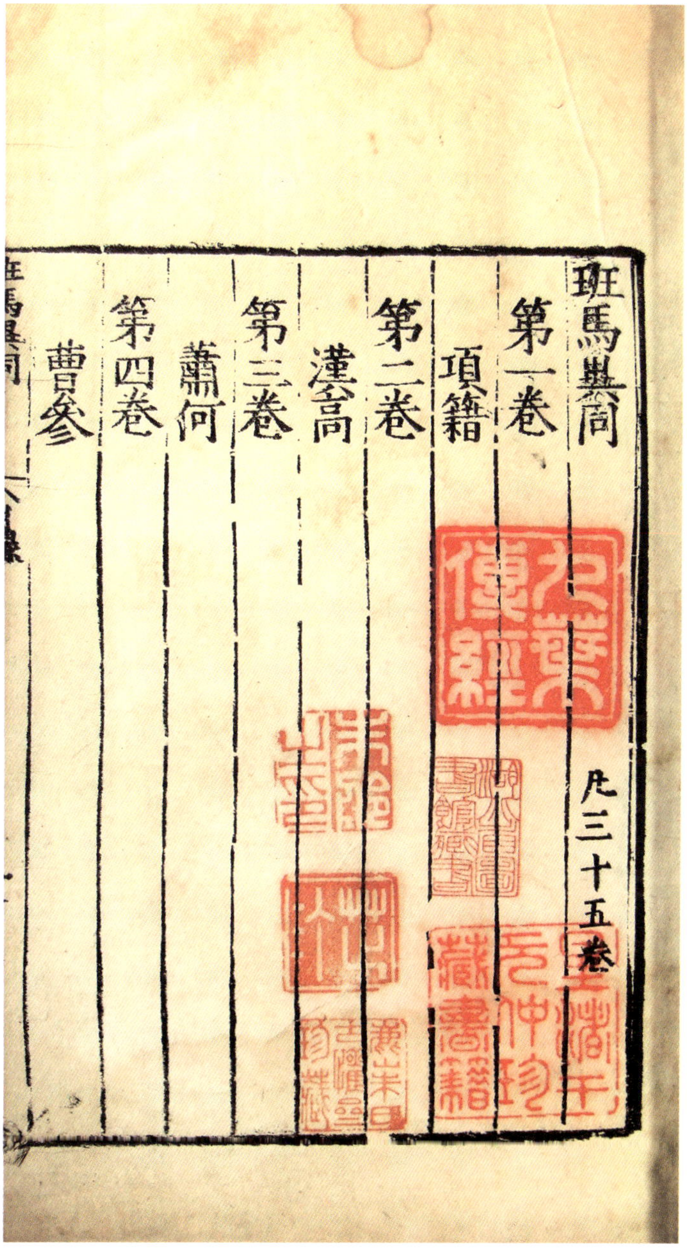
班馬異同
第一卷
項籍
第二卷
漢高
第三卷
蕭何
第四卷
曹參
凡三十五卷

07527 班馬異同三十五卷 （宋）倪思撰　（宋）劉辰翁評　明嘉靖十六年（1537）李元陽刻本

框高17.2厘米，寬12.7厘米。半葉九行，行十九字，小字雙行同，白口，左右雙邊，單綫魚尾。鈐“鹿山朱氏古懼齋珍藏”、“九葉傳經”“星渚干元仲珍藏書籍”等印。湖北省圖書館藏。

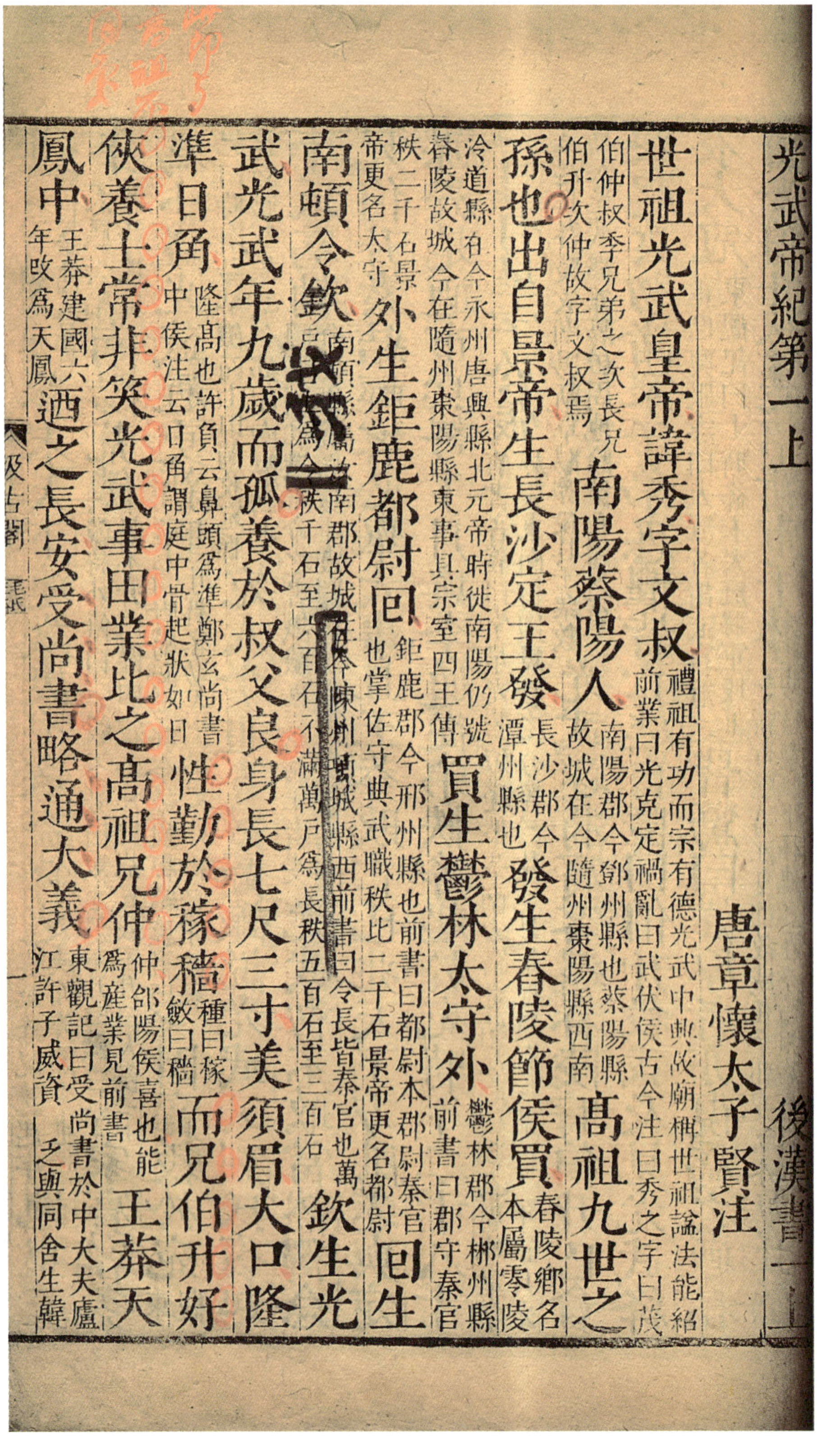
光武帝紀第一上　　後漢書一上

唐章懷太子賢注

世祖光武皇帝諱秀字文叔禮祖有功而宗有德光武中興故廟稱世祖諡法能紹前業曰光克定禍亂曰武伏侯古今注曰秀之字曰茂伯仲叔季兄弟之次長兄伯升次仲故字文叔焉南陽蔡陽人南陽郡今鄧州縣也蔡陽縣故城在今隨州棗陽縣西南高祖九世之孫也出自景帝生長沙定王發長沙郡今潭州縣也發生舂陵節侯買舂陵鄉名本屬零陵冷道縣在今永州唐興縣北元帝時徙南陽仍號舂陵故城今在隨州棗陽縣東事具宗室四王傳買生鬱林太守外鬱林郡今郴州縣前書曰郡守秦官秩二千石景帝更名太守外生鉅鹿都尉回鉅鹿郡今邢州縣也前書曰都尉本郡尉秦官也掌佐守典武職秩比二千石景帝更名都尉回生南頓令欽南頓縣屬汝南郡故城在今陳州項城縣西前書曰令長皆秦官也萬戶以上為令秩千石至六百石不滿萬戶為長秩五百石至三百石欽生光武光武年九歲而孤養於叔父良身長七尺三寸美須眉大口隆準日角隆高也許負云鼻頭為準鄭玄尚書中候注云日角謂庭中骨起狀如日性勤於稼穡種曰稼斂曰穡而兄伯升好俠養士常非笑光武事田業比之高祖兄仲仲郃陽侯喜也能為產業見前書王莽天鳳中王莽建國六年改為天鳳迺之長安受尚書略通大義東觀記曰受尚書於中大夫廬江許子威資乏與同舍生韓

汲古閣　毛氏　一

07538 後漢書九十卷（南朝宋）范曄撰（唐）李賢注　**志三十卷**（晉）司馬彪撰（南朝梁）劉昭注　明崇禎十六年（1643）毛氏汲古閣刻本

框高21.9厘米，寬15.2厘米。半葉十二行，行二十五字，小字雙行三十七字，白口，左右雙邊，單黑魚尾。版心鐫“汲古閣毛氏正本”。清何紹基朱筆批點。武漢大學圖書館藏。

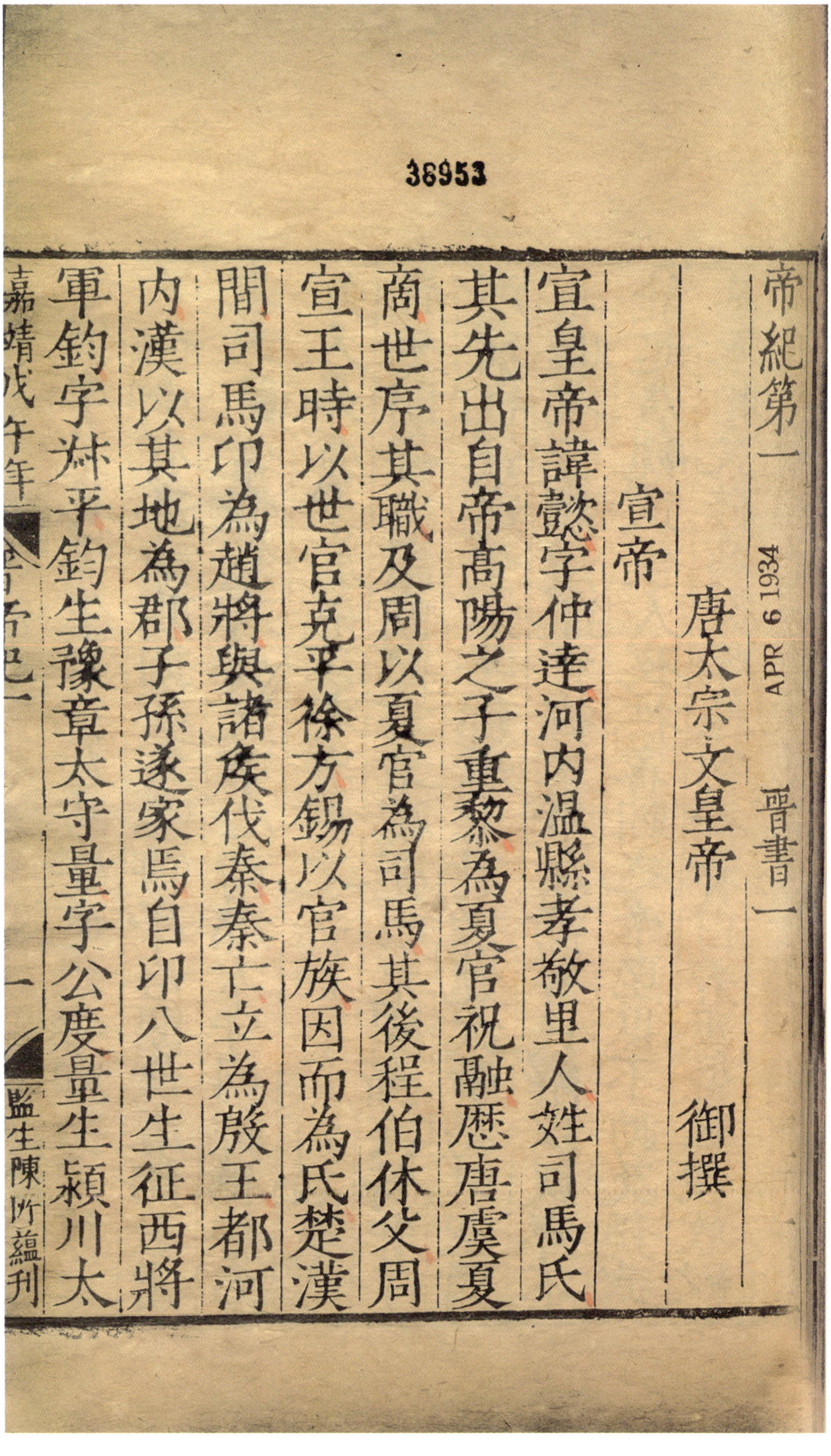

帝紀第一　晉書一

唐太宗文皇帝　御撰

宣帝

宣皇帝諱懿字仲達河内温縣孝敬里人姓司馬氏其先出自帝高陽之子重黎為夏官祝融歷唐虞夏商世序其職及周以夏官為司馬其後程伯休父周宣王時以世官克平徐方錫以官族因而為氏楚漢間司馬卬為趙將與諸侯伐秦秦亡立為殷王都河内漢以其地為郡子孫遂家焉自卬八世生征西將軍鈞字叔平鈞生豫章太守量字公度量生潁川太

嘉靖戊午年　晉帝紀一　一　監生陳昕蘊刊

02707　晉書一百三十卷　（唐）房玄齡等撰　**音義三卷**　（唐）何超撰

元刻明正德十年（1515）司禮監嘉靖萬曆南京國子監遞修本

框高22.5厘米，寬18厘米。半葉十行，行二十字，綫黑口，左右雙邊，對黑魚尾。武漢大學圖書館藏。

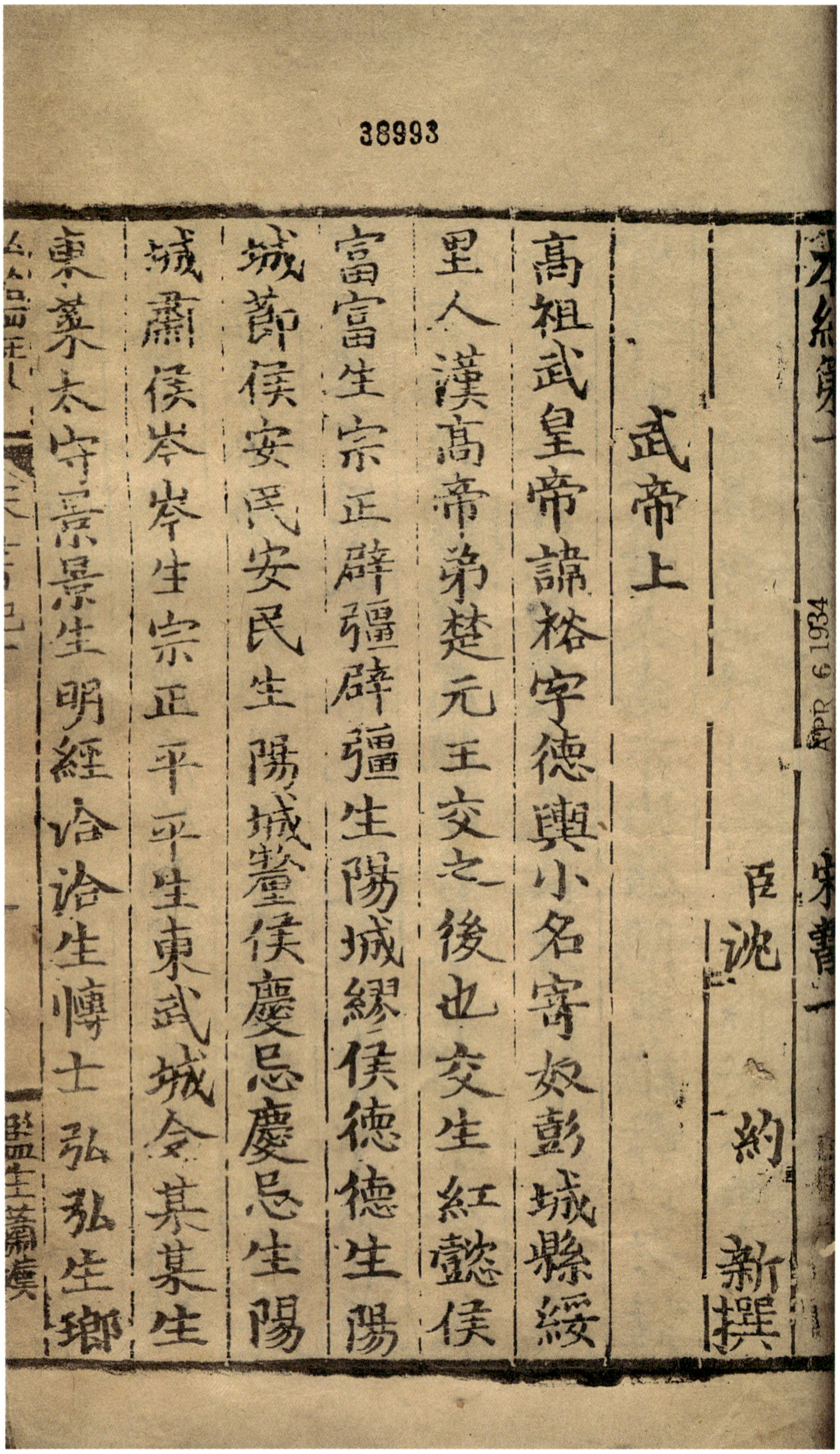
宋書一

臣沈約新撰

武帝上

高祖武皇帝諱裕字德輿小名寄奴彭城縣綏里人漢高帝弟楚元王交之後也交生紅懿侯富富生宗正辟彊辟彊生陽城繆侯德德生陽城節侯安民安民生陽城釐侯慶忌慶忌生陽城肅侯岑岑生宗正平平生東武城令某某生東莞太守景景生明經洽洽生博士弘弘生卿

02714 宋書一百卷　（南朝梁）沈約撰　宋刻宋元明遞修本

框高23.5厘米，寬19厘米。半葉九行，行十八字，白口，左右雙邊，單黑魚尾。有鈔配，存九十六卷（卷一至卷六十三、卷六十八至卷一百）。武漢大學圖書館藏。

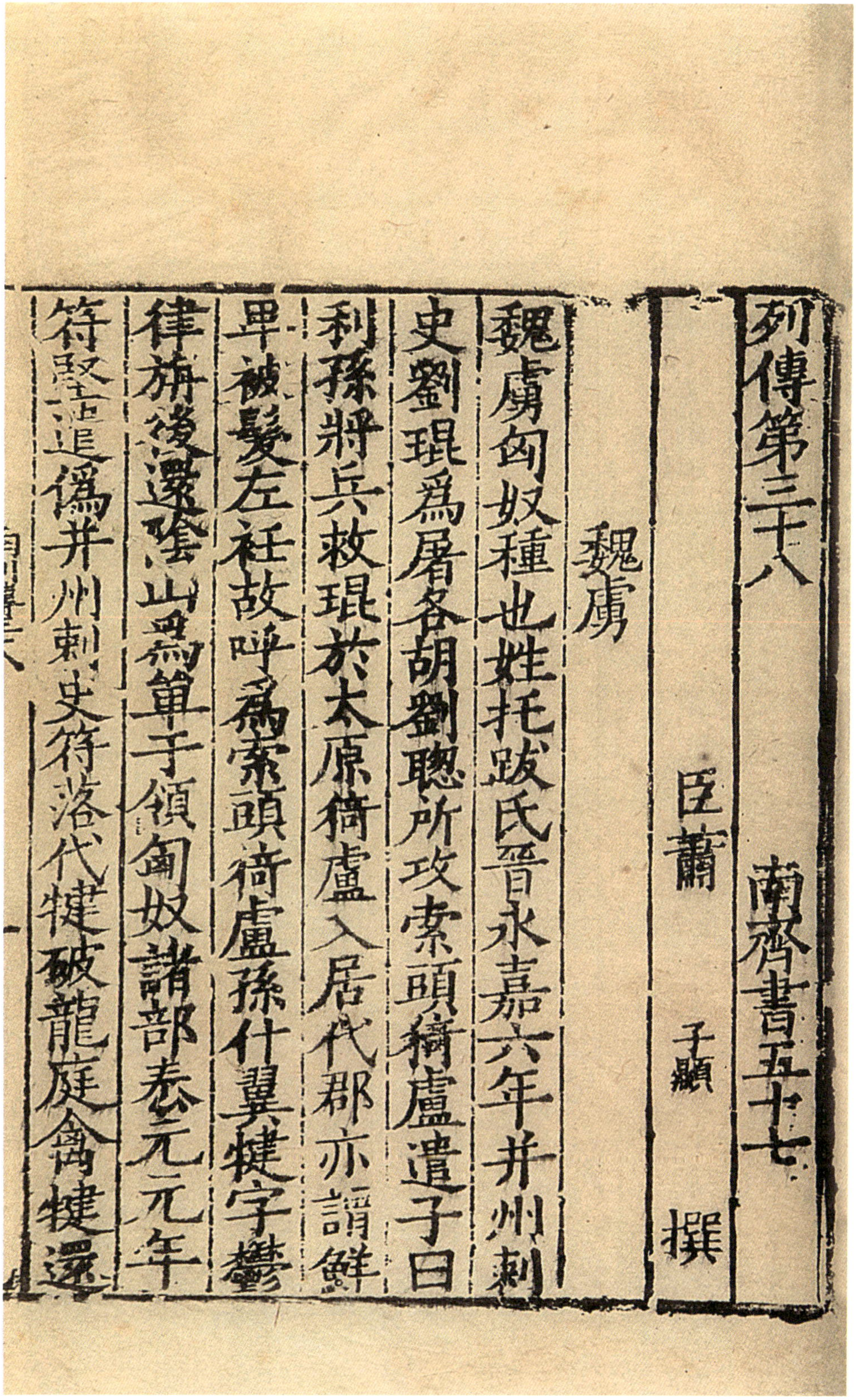
列傳第三十八　南齊書五十七

臣蕭子顯　撰

魏虜

魏虜匈奴種也姓托跋氏晉永嘉六年并州刺史劉琨爲屠各胡劉聰所攻索頭猗盧遣子曰利孫將兵救琨於太原猗盧入居代郡亦謂鮮卑被髮左衽故呼爲索頭猗盧孫什翼犍字鬱律旃後還陰山爲單于領匈奴諸部太元元年苻堅遣僞并州刺史苻洛伐犍破龍庭禽犍還

02720 南齊書五十九卷 （南朝梁）蕭子顯撰　宋刻元明遞修本

框高22.8厘米，寬18厘米。半葉九行，行十八字，白口，左右雙邊，無魚尾。武漢大學圖書館藏。

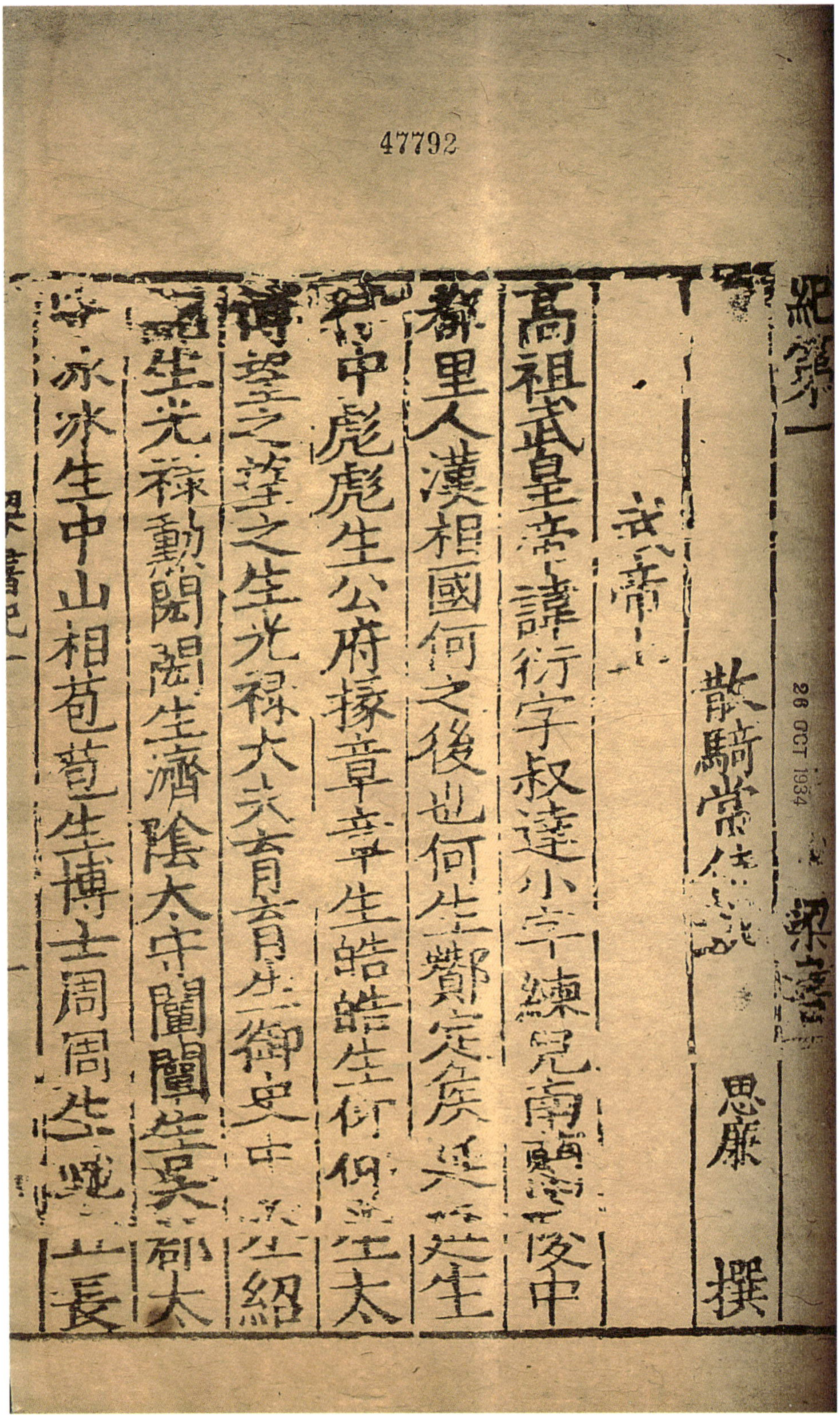

紀第一 [illegible] 梁書
散騎常侍 思廉 撰
武帝上
高祖武皇帝諱衍字叔達小字練兒南蘭陵中
都里人漢相國何之後也何生酇定侯延延生
侍中彪彪生公府掾章章生皓皓生仰仰生太
傅望之望之生光祿大夫育育生御史中丞紹
紹生光祿勳閎閎生濟陰太守闡闡生吳郡太
守冰冰生中山相苞苞生博士周周生蛇丘長
梁書紀一 一

02732 梁書五十六卷 （唐）姚思廉撰　宋刻宋元明遞修本

框高22.9厘米，寬18.7厘米。半葉九行，行十八字，白口，左右雙邊，無魚尾。有鈔配，存三十八卷（卷一至卷九、卷二十八至卷五十六）。武漢大學圖書館藏。

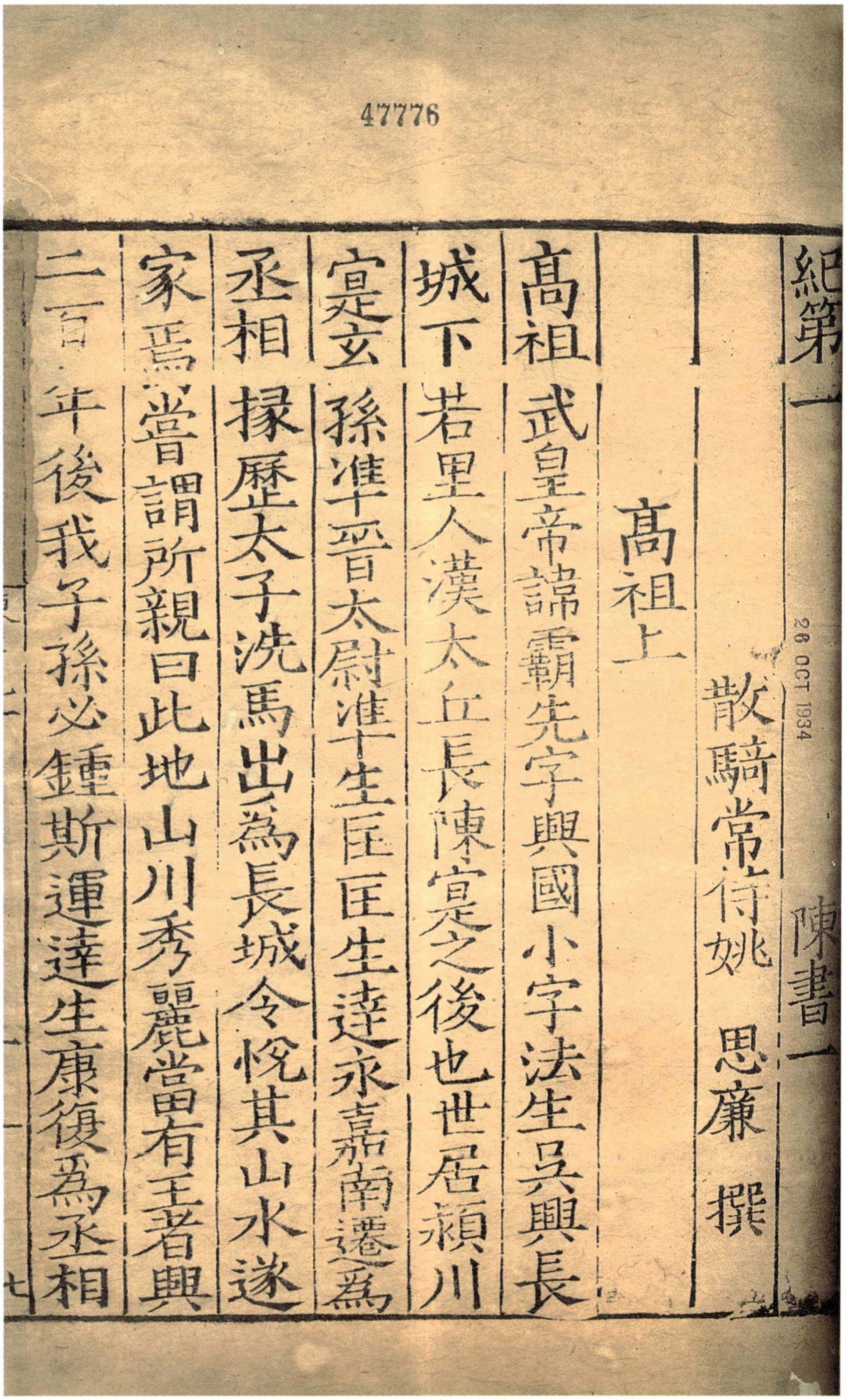

紀第一　陳書一

散騎常侍姚　思廉　撰

高祖上

高祖武皇帝諱霸先字興國小字法生吳興長
城下若里人漢太丘長陳寔之後也世居潁川
寔玄孫準晉太尉準生匡匡生達永嘉南遷爲
丞相掾歷太子洗馬出爲長城令悅其山水遂
家焉嘗謂所親曰此地山川秀麗當有王者興
二百年後我子孫必鍾斯運達生康復爲丞相

07051 陳書三十六卷　（唐）姚思廉撰　宋刻宋元明遞修本

框高22.5厘米，寬18.5厘米。半葉九行，行十八字，白口，左右雙邊，單黑魚尾。武漢大學圖書館藏。

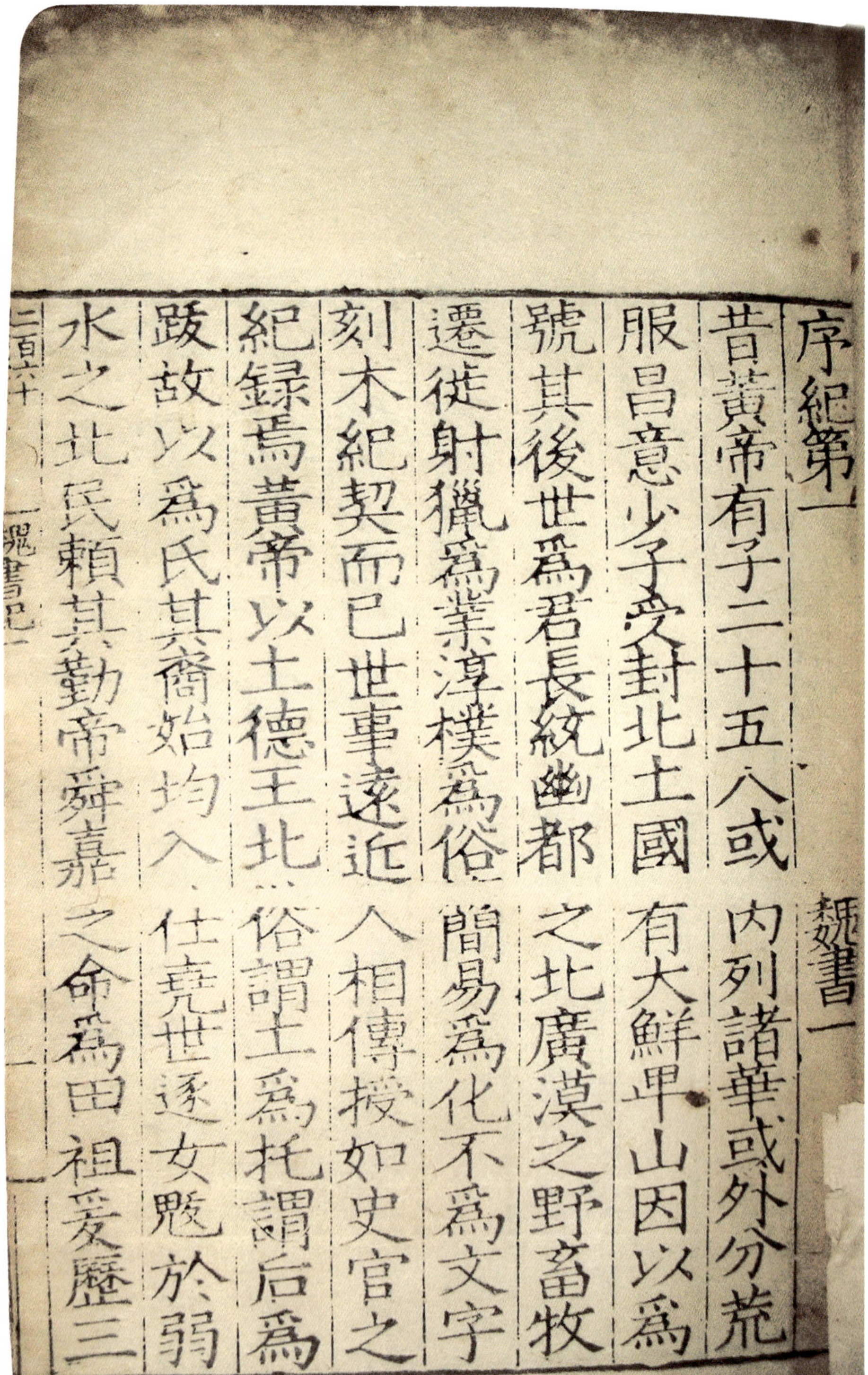

序紀第一　　魏書一

昔黃帝有子二十五人或內列諸華或外分荒
服昌意少子受封北土國有大鮮卑山因以爲
號其後世爲君長統幽都之北廣漠之野畜牧
遷徙射獵爲業淳樸爲俗簡易爲化不爲文字
刻木紀契而已世事遠近人相傳授如史官之
紀録焉黃帝以土德王北俗謂土爲托謂后爲
跋故以爲氏其裔始均入仕堯世逐女魃於弱
水之北民賴其勤帝舜嘉之命爲田祖爰歷三

二百六十　一魏書紀一　一

02742、02745 魏書一百十四卷（北齊）魏收撰　宋刻宋元明遞修本

框高22.3厘米，寬19厘米。半葉九行，行十八字，白口，左右雙邊，無魚尾。華中師範大學圖書館藏；武漢大學圖書館藏，存一百六卷（卷一至卷二十七、卷三十二至卷一百一十）。

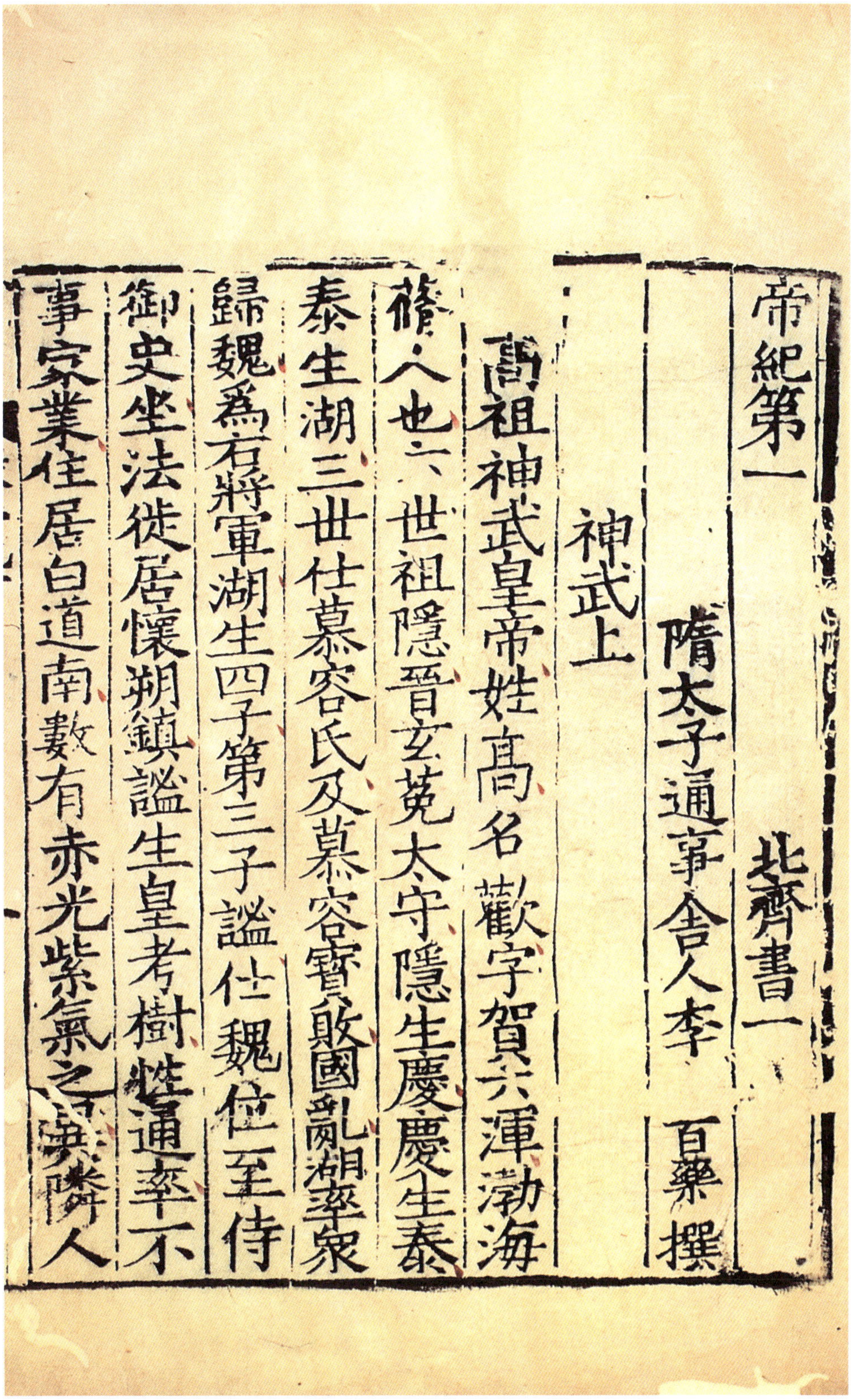
帝紀第一　北齊書一
隋太子通事舍人李　百藥撰
神武上
高祖神武皇帝姓高名歡字賀六渾渤海
蓨人也六世祖隱晉玄菟太守隱生慶慶生泰
泰生湖三世仕慕容氏及慕容寶敗國亂湖率衆
歸魏爲右將軍湖生四子第三子謐仕魏位至侍
御史坐法徙居懷朔鎮謐生皇考樹性通率不
事家業住居白道南數有赤光紫氣之異隣人

00425　北齊書五十卷　（唐）李百藥撰　宋刻宋元明遞修本

框高22.3厘米，寬18.6厘米。半葉九行，行十八字，白口，左右雙邊，單黑魚尾。武漢大學圖書館藏。

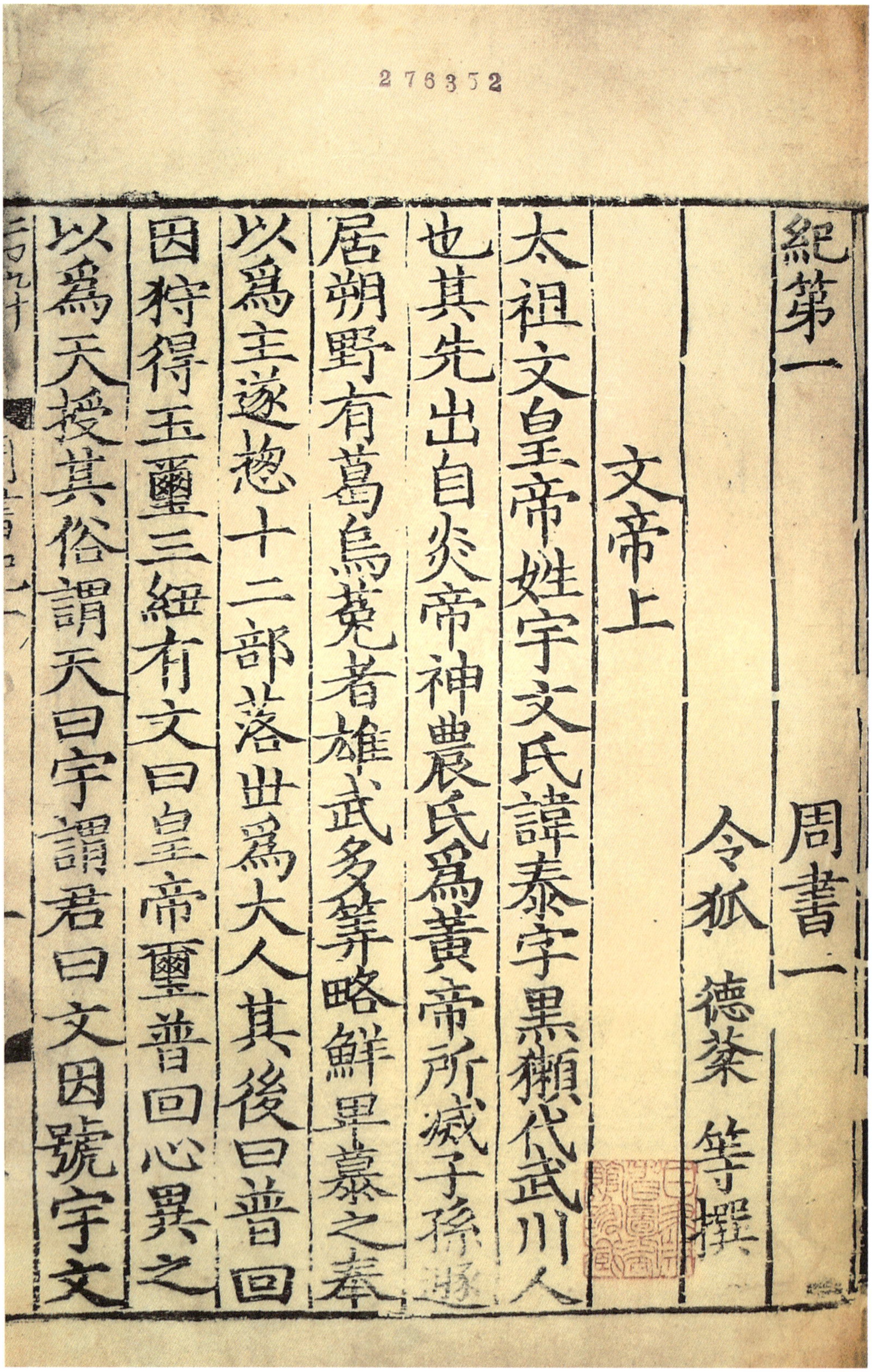

紀第一　　周書一

令狐德棻等撰

文帝上

太祖文皇帝姓宇文氏諱泰字黑獺代武川人
也其先出自炎帝神農氏爲黄帝所滅子孫遯
居朔野有葛烏菟者雄武多筭略鮮卑慕之奉
以爲主遂總十二部落世爲大人其後曰普回
因狩得玉璽三紐有文曰皇帝璽普回心異之
以爲天授其俗謂天曰宇謂君曰文因號宇文

00429 周書五十卷（唐）令狐德棻等撰　宋刻宋元明遞修本

框高22.5厘米，寬18.4厘米。半葉九行，行十八字，白口，左右雙邊，對黑魚尾。武漢大學圖書館藏。

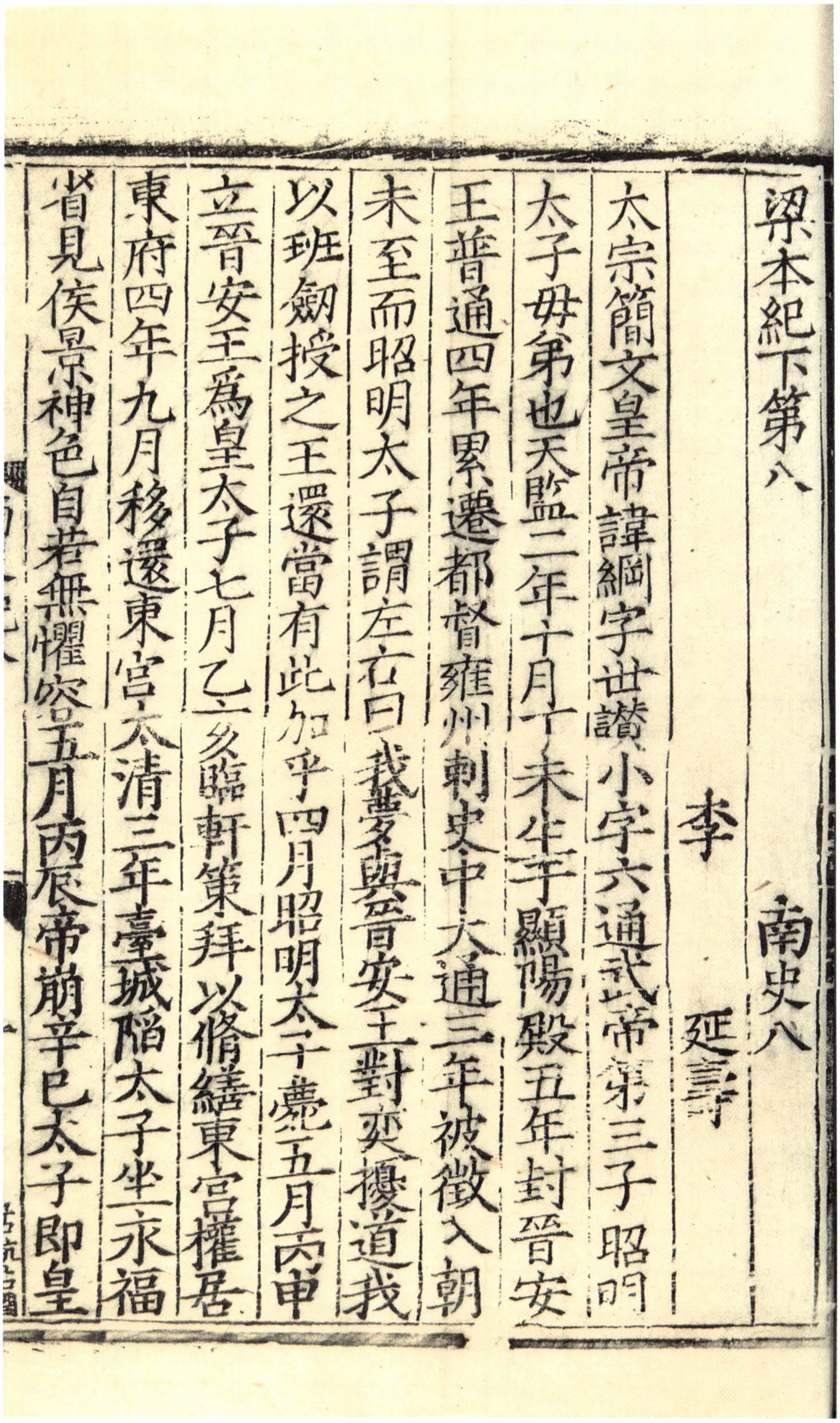

梁本紀下第八　　南史八

李　延壽

太宗簡文皇帝諱綱字世讚小字六通武帝第三子昭明太子母弟也天監二年十月丁未生于顯陽殿五年封晉安王普通四年累遷都督雍州刺史中大通三年被徵入朝未至而昭明太子謂左右曰我夢與晉安王對奕擾道我以班劒授之王還當有此加乎四月昭明太子薨五月丙申立晉安王爲皇太子七月乙亥臨軒策拜以脩繕東宮權居東府四年九月移還東宮太清三年臺城陷太子坐永福省見侯景神色自若無懼容五月丙辰帝崩辛巳太子即皇

02653 南史八十卷 （唐）李延壽撰　元大德十年（1306）刻明嘉靖遞修本

框高22.3厘米，寬16.5厘米。半葉十行，行二十二字，白口，四周雙邊，單黑或雙黑魚尾。武漢大學圖書館藏。

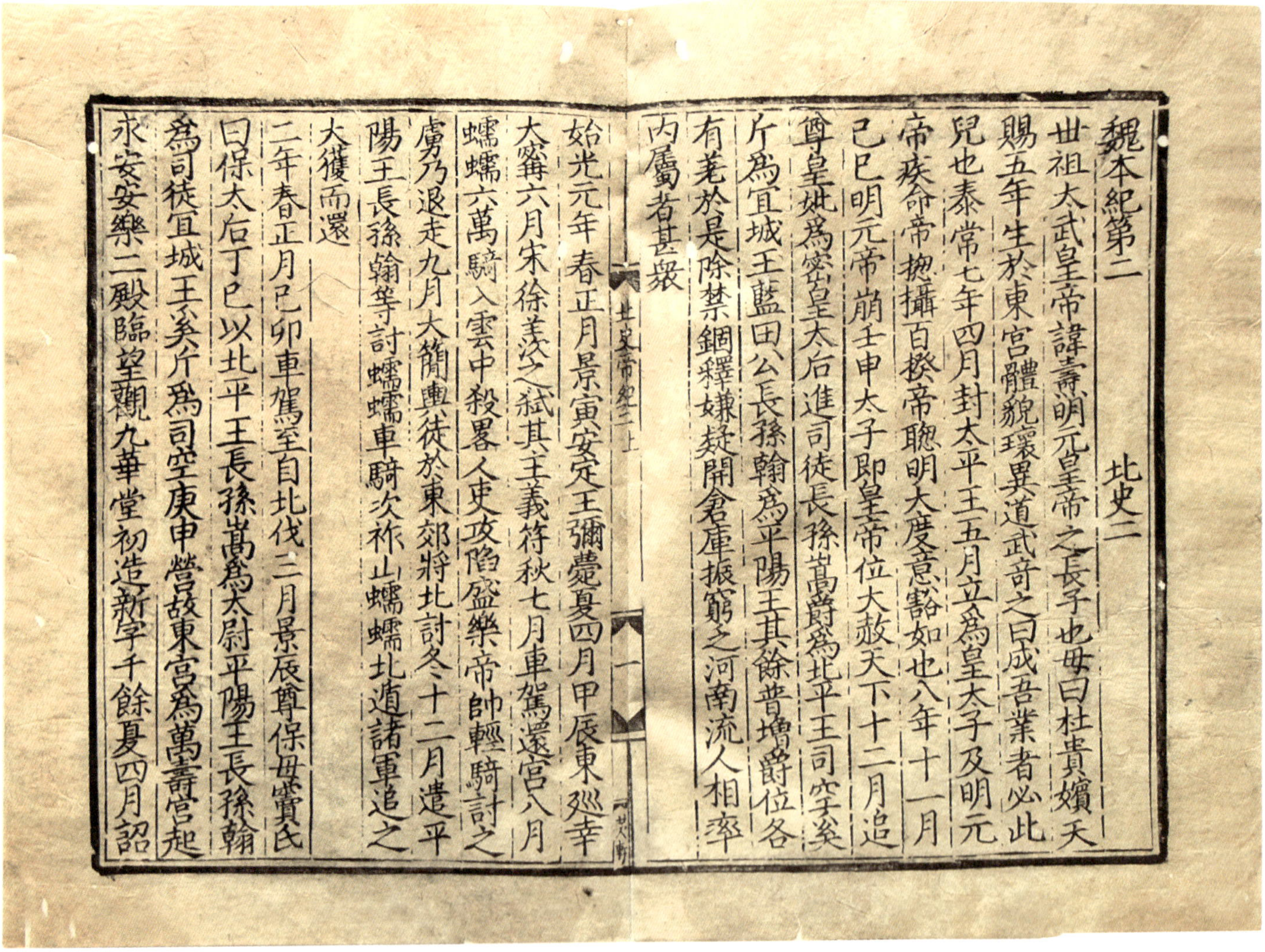
魏本紀第二　北史二
世祖太武皇帝諱燾明元皇帝之長子也母曰杜貴嬪天
賜五年生於東宮體貌瓌異道武奇之曰成吾業者必此
兒也泰常七年四月封太平王五月立為皇太子及明元
帝疾命帝總攝百揆帝聰明大度意豁如也八年十一月
己巳明元帝崩壬申太子即皇帝位大赦天下十二月追
尊皇妣為密皇太后進司徒長孫嵩爵為北平王司空奚
斤為宜城王藍田公長孫翰為平陽王其餘普增爵位各
有差於是除禁錮釋嫌疑開倉庫振窮之河南流人相率
內屬者甚衆
北史帝紀二上　一
始光元年春正月景寅安定王彌薨夏四月甲辰東巡幸
大甯六月宋徐羡之弑其主義符秋七月車駕還宮八月
蠕蠕六萬騎入雲中殺畧人吏攻陷盛樂帝帥輕騎討之
虜乃退走九月大簡輿徒於東郊將北討冬十二月遣平
陽王長孫翰等討蠕蠕車騎次祚山蠕蠕北遁諸軍追之
大獲而還
二年春正月己卯車駕至自北伐二月景辰尊保母竇氏
曰保太后丁巳以北平王長孫嵩為太尉平陽王長孫翰
為司徒宜城王奚斤為司空庚申營故東宮為萬壽宮起
永安安樂二殿臨望觀九華堂初造新字千餘夏四月詔

02659 北史一百卷　（唐）李延壽撰　元大德信州路儒學刻明嘉靖遞修本

框高22.8厘米，寬16.5厘米，半葉十行，行二十二字，黑口，四周雙邊，對黑魚尾或三黑魚尾。武漢大學圖書館藏。

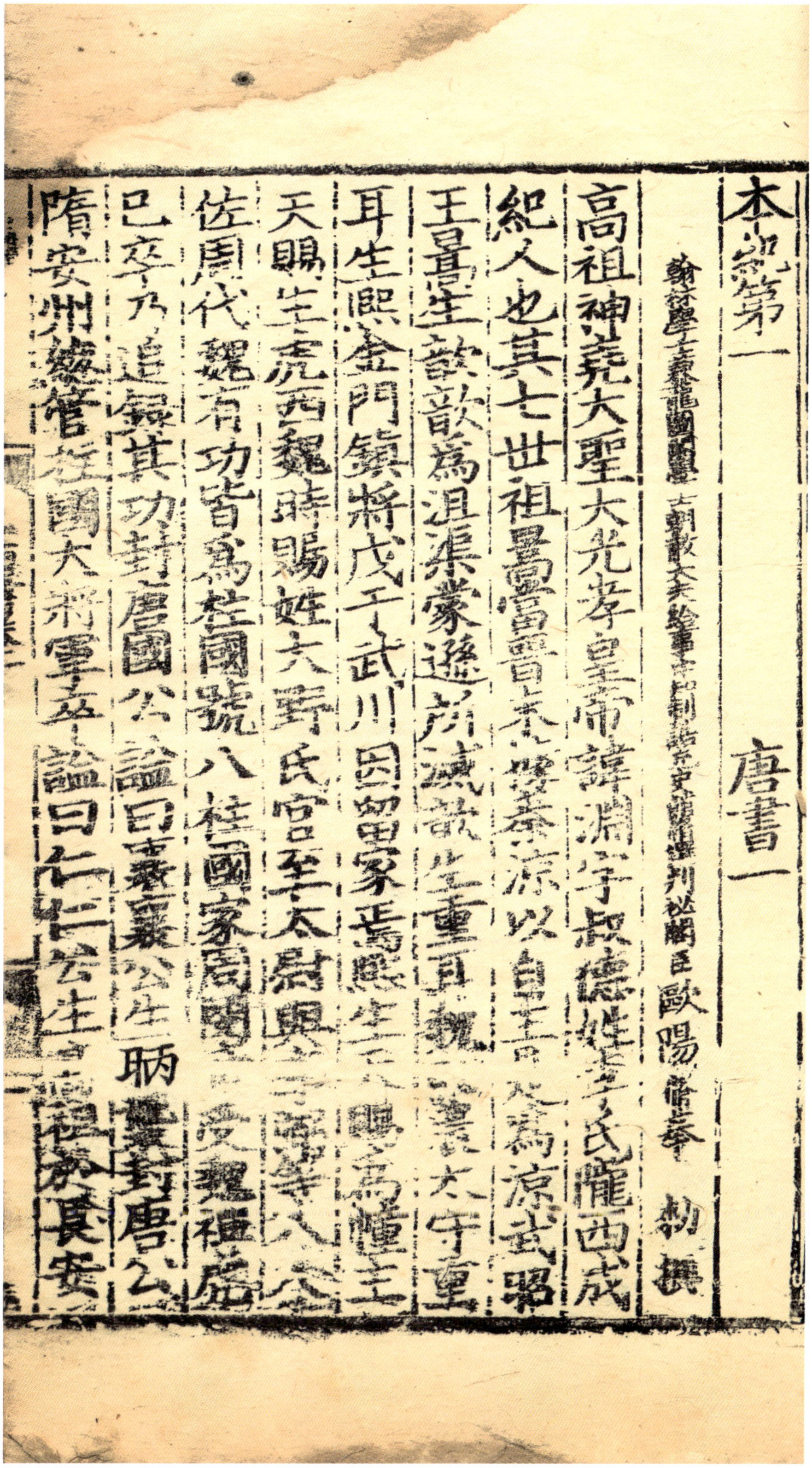
本紀第一　　唐書一
翰林學士兼龍圖閣學士朝散大夫給事中知制誥充史館修撰判秘閣臣歐陽脩奉　勅撰
高祖神堯大聖大光孝皇帝諱淵字叔德姓李氏隴西成
紀人也其七世祖暠當晉末據秦涼以自王是爲涼武昭
王暠生歆歆爲沮渠蒙遜所滅歆生重耳魏弘農太守重
耳生熙金門鎮將戍于武川因留家焉熙生天賜爲幢主
天賜生虎西魏時賜姓大野氏官至太尉與李弼等八人
佐周代魏有功皆爲柱國號八柱國家周閔帝受魏禪虎
已卒乃追録其功封唐國公謚曰襄襄公生昞襲封唐公
隋安州總管柱國大將軍卒謚曰仁仁公生高祖於長安

02765 唐書二百二十五卷（宋）歐陽修　宋祁等撰　**釋音二十五卷**（宋）董衝撰　元大德九年（1305）建康路儒學刻明成化弘治嘉靖南京國子監遞修本

框高22.2厘米，寬16厘米。半葉十行，行二十二字，白口，左右雙邊，順黑魚尾。武漢大學圖書館藏。

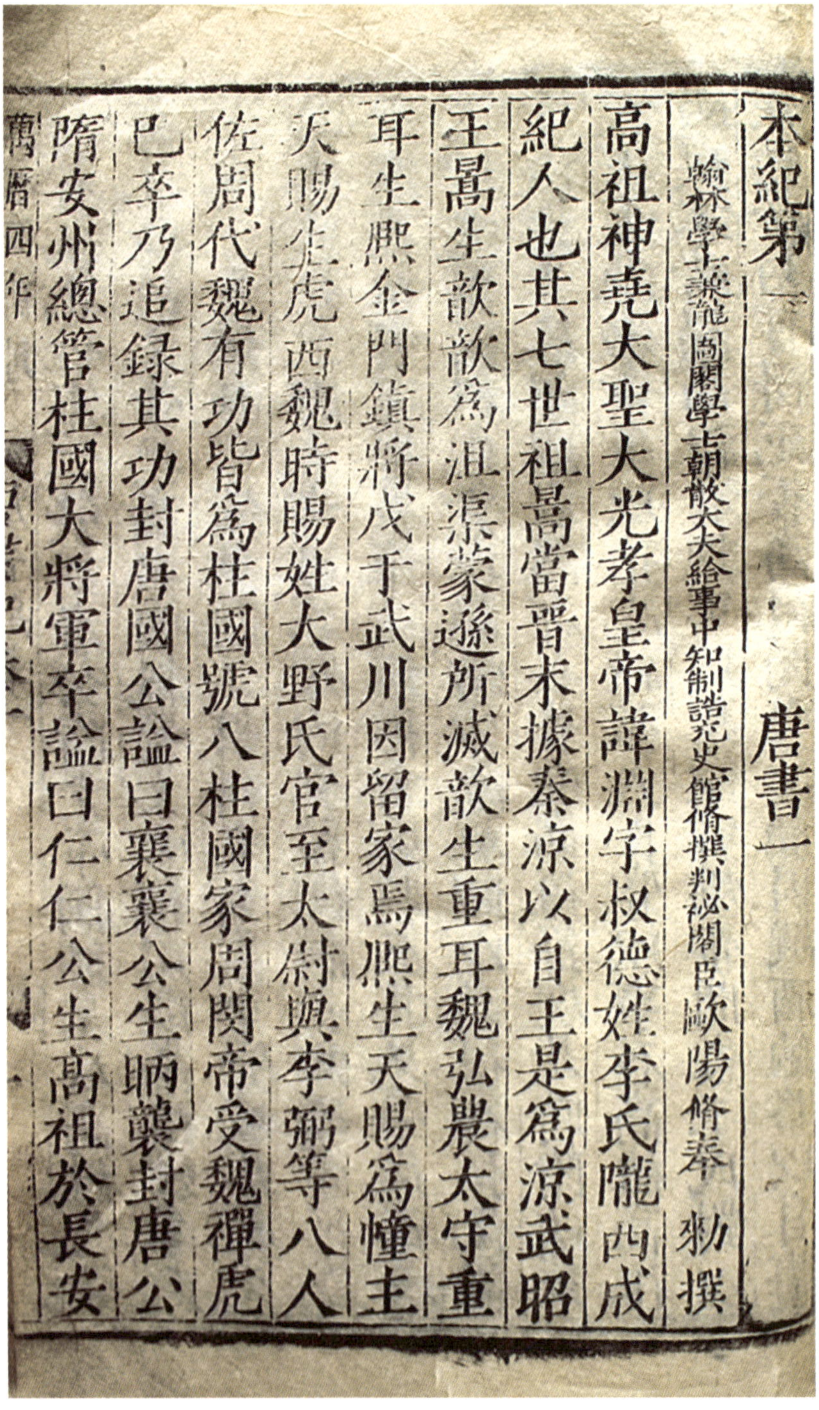
本紀第一　　唐書一
翰林學士兼龍圖閣學士朝散大夫給事中知制誥充史館修撰判秘閣臣歐陽脩奉　勑撰
高祖神堯大聖大光孝皇帝諱淵字叔德姓李氏隴西成
紀人也其七世祖暠當晉末據秦涼以自王是爲涼武昭
王暠生歆歆爲沮渠蒙遜所滅歆生重耳魏弘農太守重
耳生熙金門鎮將戍于武川因留家焉熙生天賜爲幢主
天賜生虎西魏時賜姓大野氏官至太尉與李弼等八人
佐周代魏有功皆爲柱國號八柱國家周閔帝受魏禪虎
巳卒乃追録其功封唐國公謚曰襄襄公生昞襲封唐公
隋安州總管柱國大將軍卒謚曰仁仁公生高祖於長安
萬曆四年

07070 唐書二百二十五卷（宋）歐陽修　宋祁等撰　**釋音二十五卷**（宋）董衡撰　元大德九年（1305）建康路儒學刻明清遞修本

框高22.6厘米，寬15.6厘米。半葉十行，行二十二字，小字雙行同，白口，四周雙邊，順黑魚尾。版心上鐫“成化十八年”至“雍正六年”等。湖北省宜昌市圖書館藏。

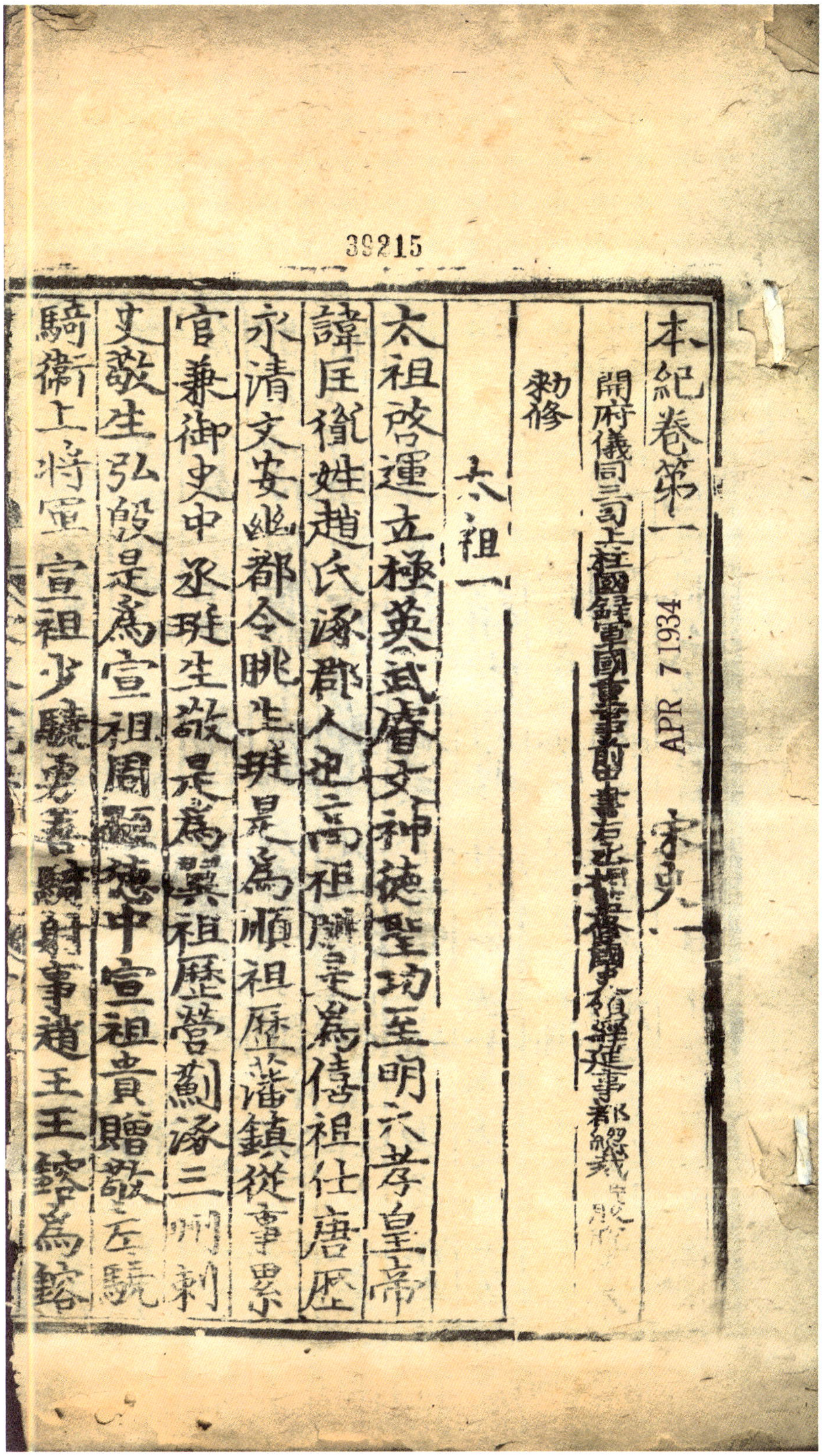
39215

本紀卷第一　宋史一

開府儀同三司上柱國録軍國重事中書右丞相監修國史領經筵事都總裁臣脫脫

APR 7 1934

勑修

太祖一

太祖啓運立極英武睿文神德聖功至明大孝皇帝
諱匡胤姓趙氏涿郡人也高祖朓是爲僖祖仕唐歷
永清文安幽都令朓生珽是爲順祖歷藩鎮從事累
官兼御史中丞珽生敬是爲翼祖歷營薊涿三州刺
史敬生弘殷是爲宣祖周顯德中宣祖貴贈敬左驍
騎衛上將軍宣祖少驍勇善騎射事趙王王鎔爲鎔

07556　宋史四百九十六卷目録三卷　（元）脫脫等撰　明成化七至十六年（1471－1480）朱英刻嘉靖南京國子監遞修本

框高21.7厘米，寬15.3厘米。半葉十行，行二十字，黑口，四周雙邊，順黑魚尾。版心上鐫“嘉靖丙辰年”等字樣，存四百六十一卷，卷一百十一至卷一百十六爲鈔配。武漢大學圖書館藏。

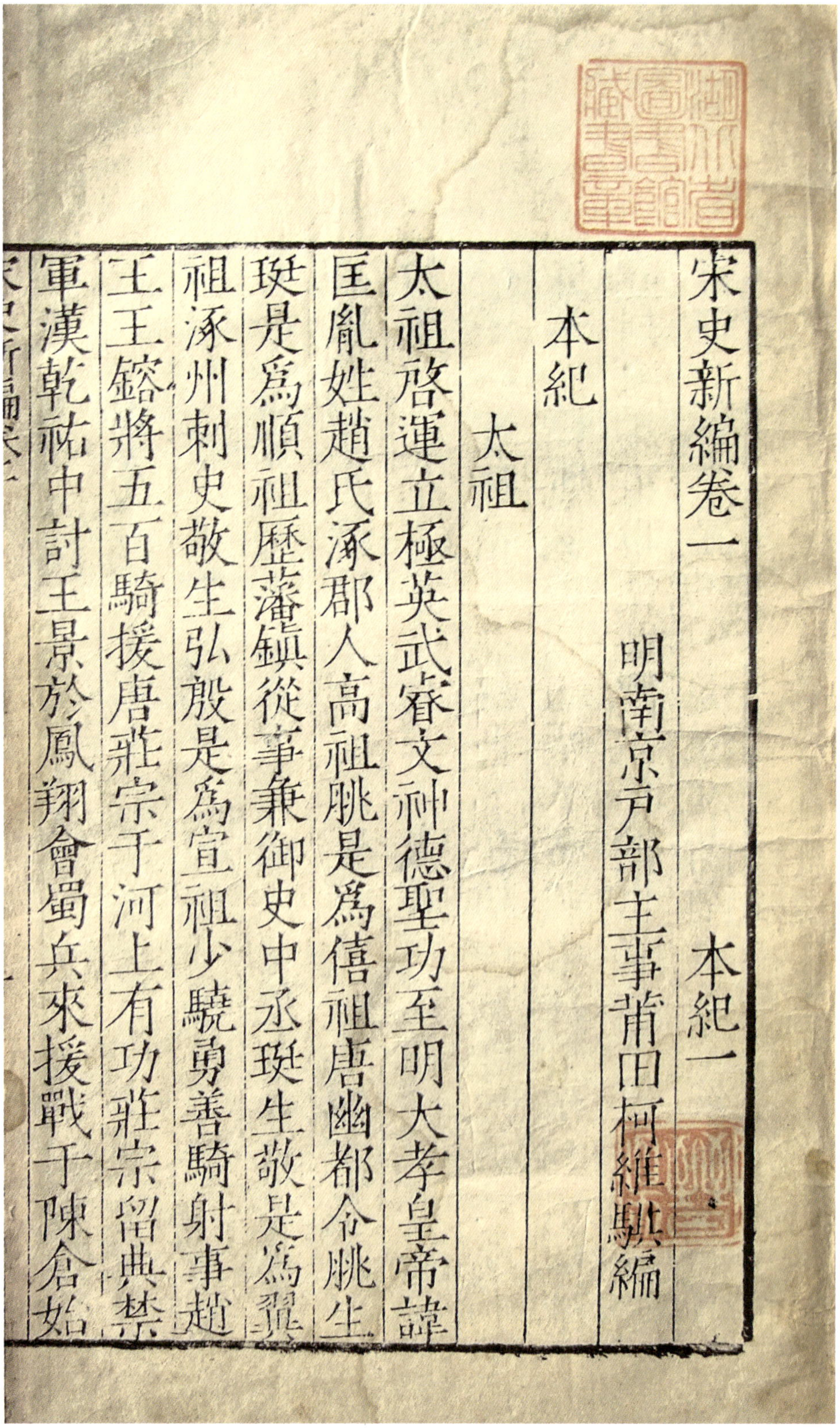

宋史新編卷一　本紀一
明南京戶部主事莆田柯維騏編
本紀
太祖
太祖啓運立極英武睿文神德聖功至明大孝皇帝諱
匡胤姓趙氏涿郡人高祖朓是爲僖祖唐幽都令朓生
珽是爲順祖歷藩鎭從事兼御史中丞珽生敬是爲翼
祖涿州刺史敬生弘殷是爲宣祖少驍勇善騎射事趙
王王鎔將五百騎援唐莊宗于河上有功莊宗留典禁
軍漢乾祐中討王景於鳳翔會蜀兵來援戰于陳倉始

03566、03563 宋史新編二百卷　（明）柯維騏編　明嘉靖刻本

框高18.9厘米，寬13.1厘米。半葉十行，行二十一字，白口，四周單邊，無魚尾。鈐“蟫隱廬所得善本”印。湖北省圖書館藏；湖北省博物館藏，有鈔配，鈐“內翰金壇蔣超藏書印”。

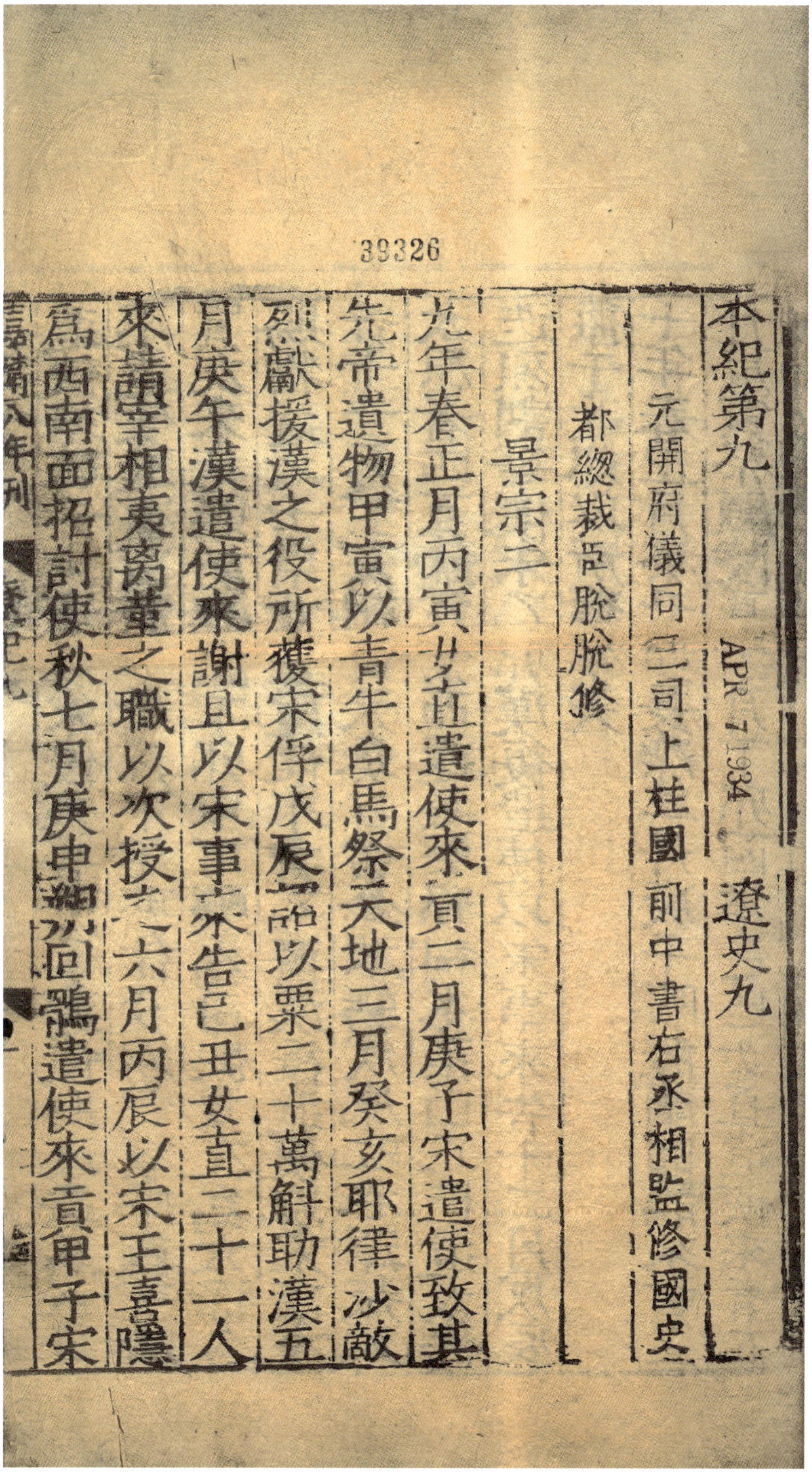

39326

本紀第九　　遼史九
元開府儀同三司上柱國前中書右丞相監修國史
都總裁臣脫脫修
APR 7 1934
景宗二
九年春正月丙寅朔宋遣使來賀二月庚子宋遣使致其
先帝遺物甲寅以青牛白馬祭天地三月癸亥耶律沙敵
烈獻援漢之役所獲宋俘戊辰賜以粟二十萬斛助漢五
月庚午漢遣使來謝且以宋事來告己丑女直二十一人
來請宰相夷离堇之職以次授之六月丙辰以宋王喜隱
爲西南面招討使秋七月庚申朔回鶻遣使來貢甲子宋
嘉靖八年刊　遼紀九

07569 遼史一百十六卷　（元）脱脱等撰　明嘉靖八年（1529）南京國子監刻本

框高21.7厘米，寬16.2厘米。半葉十行，行二十二字，綫黑口，左右雙邊，順黑魚尾。武漢大學圖書館藏。

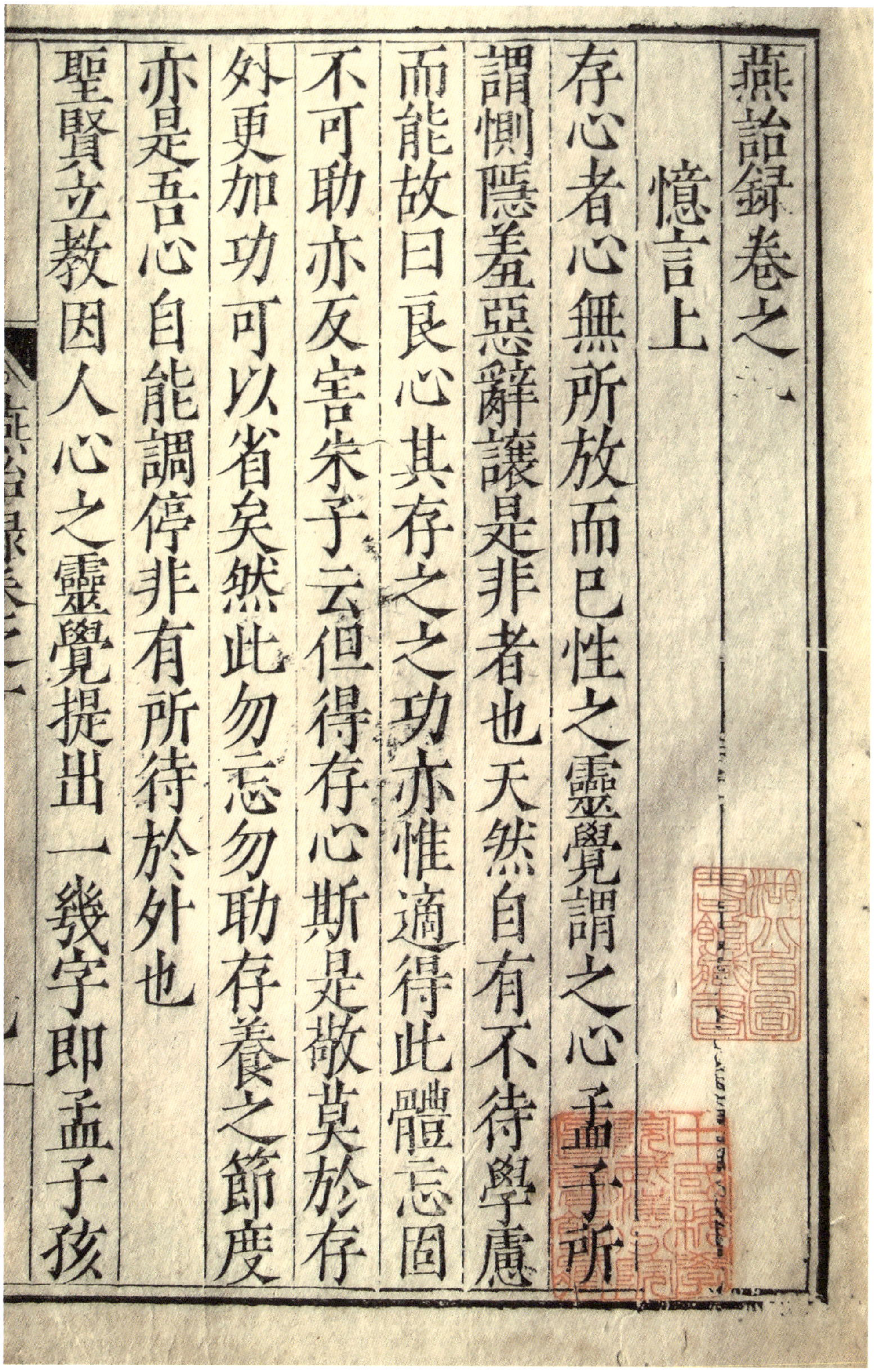
燕詒録卷之一
憶言上
存心者心無所放而已性之靈覺謂之心孟子所
謂惻隱羞惡辭讓是非者也天然自有不待學慮
而能故曰良心其存之之功亦惟適得此體忘固
不可助亦反害朱子云但得存心斯是敬莫於存
外更加功可以省矣然此勿忘勿助存養之節度
亦是吾心自能調停非有所待於外也
聖賢立教因人心之靈覺提出一幾字即孟子孩

06094 燕詒録十三卷 （明）孫應奎撰　明萬曆刻本

框高20.3厘米，寬13.5厘米。半葉九行，行十九字，白口，四周雙邊，單黑魚尾。湖北省圖書館藏。

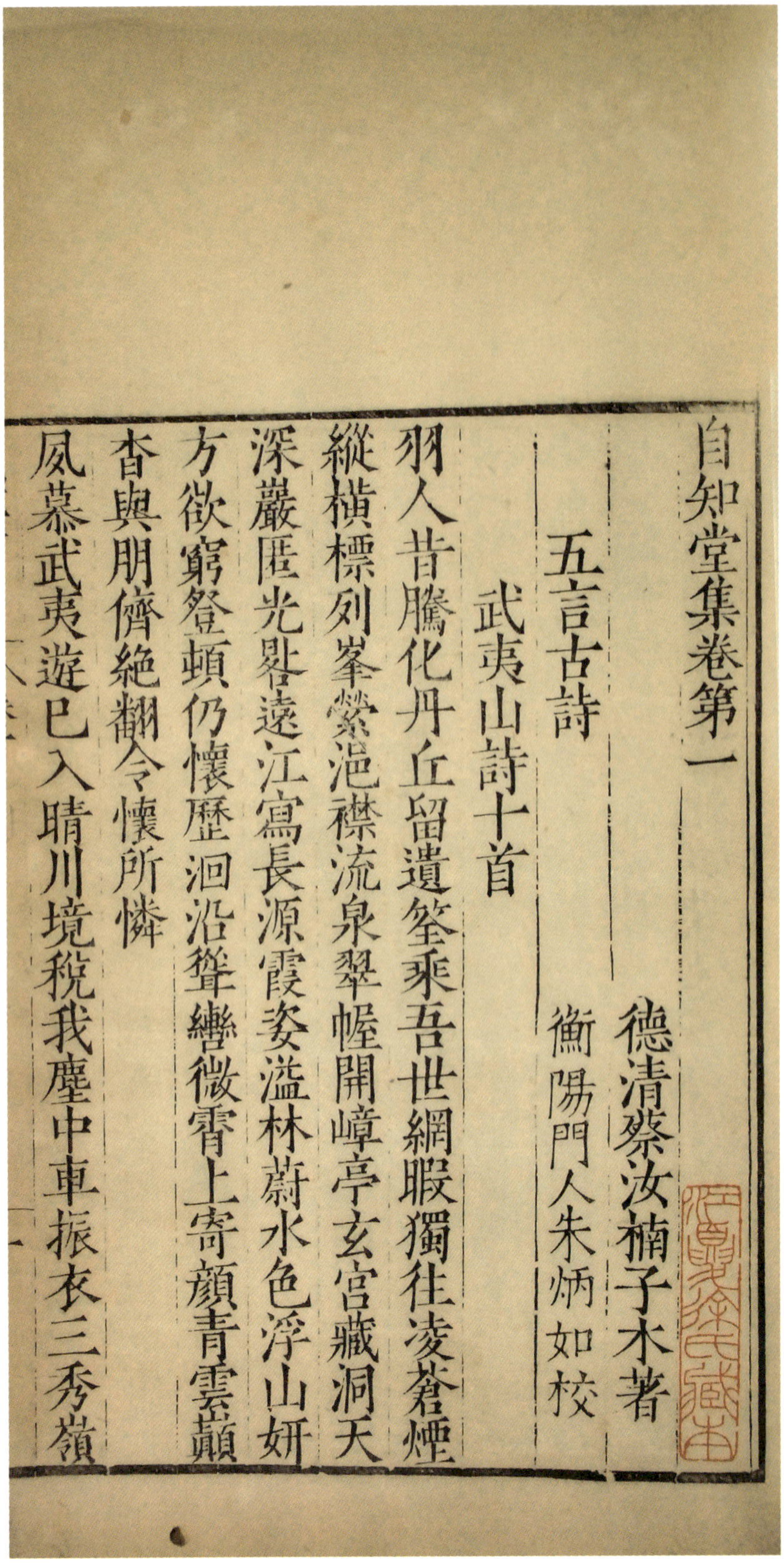

自知堂集卷第一

德清蔡汝楠子木著

衡陽門人朱炳如校

五言古詩

武夷山詩十首

羽人昔騰化丹丘留遺筌乘吾世綱暇獨往凌蒼煙縱橫標列峯縈浥襟流泉翠幄開嶂亭玄宮藏洞天深巖匿光晷遠江寫長源霞姿溢林蔚水色浮山妍方欲窮登頓仍懷歷洄沿聳巒微霄上寄顏青雲巔杳與朋儕絕翺令懷所憐

夙慕武夷遊已入晴川境稅我塵中車振衣三秀嶺

09217 自知堂集二十四卷 （明）蔡汝楠撰　明嘉靖刻本

框高19.2厘米，寬14.5厘米。半葉十行，行二十字，白口，左右雙邊，單綫魚尾。鈐“江夏徐氏藏本”印。湖北省圖書館藏。

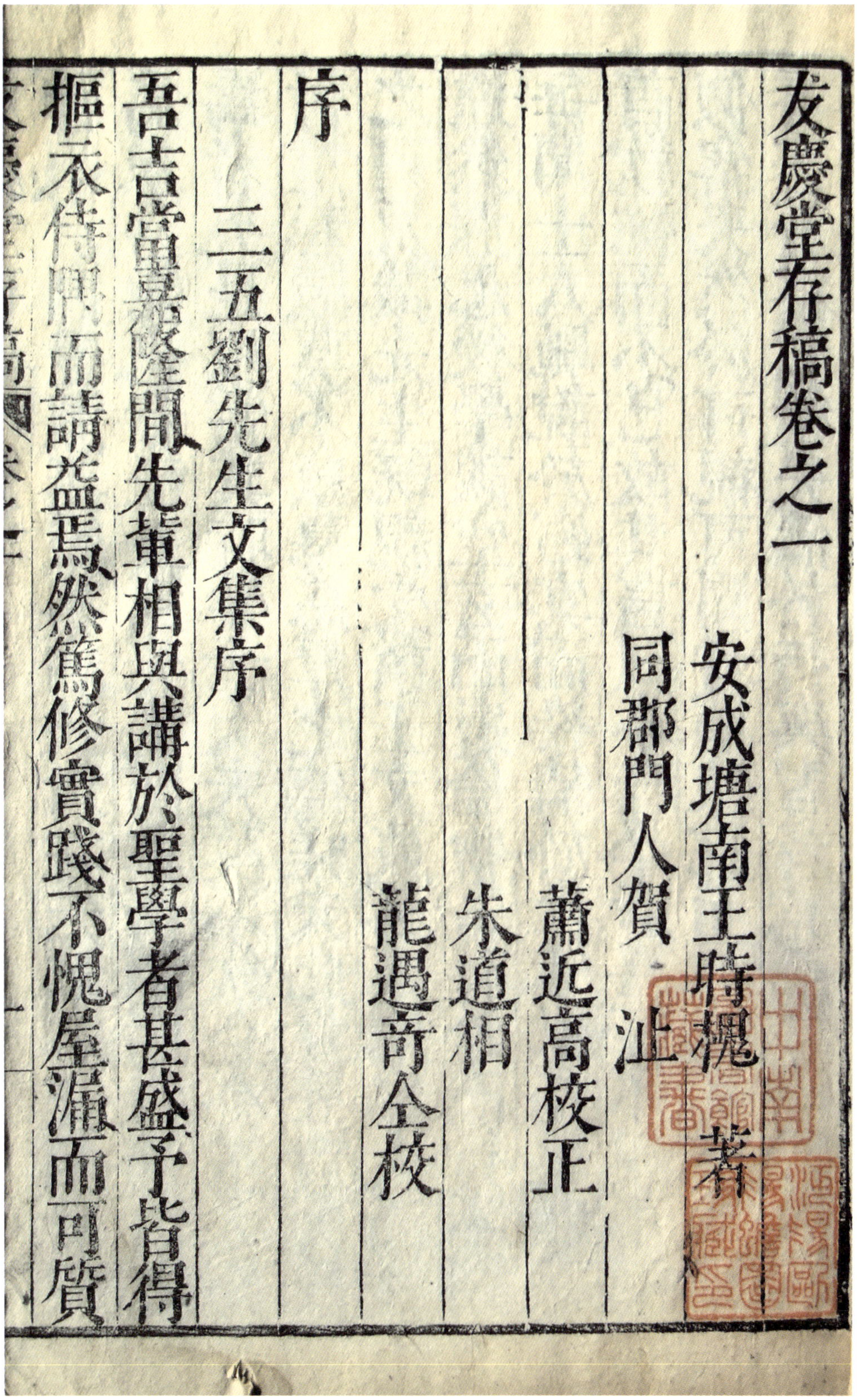

06118 友慶堂存稿十四卷 （明）王時槐撰 （明）賀沚 蕭近高校正

明萬曆三十八年（1610）賀沚、蕭近高刻本

框高22.1厘米，寬15.1厘米。半葉十行，行二十字，白口，四周單邊，單黑魚尾。鈐“沔陽歐陽蟾園珍藏印”印。湖北省圖書館藏。

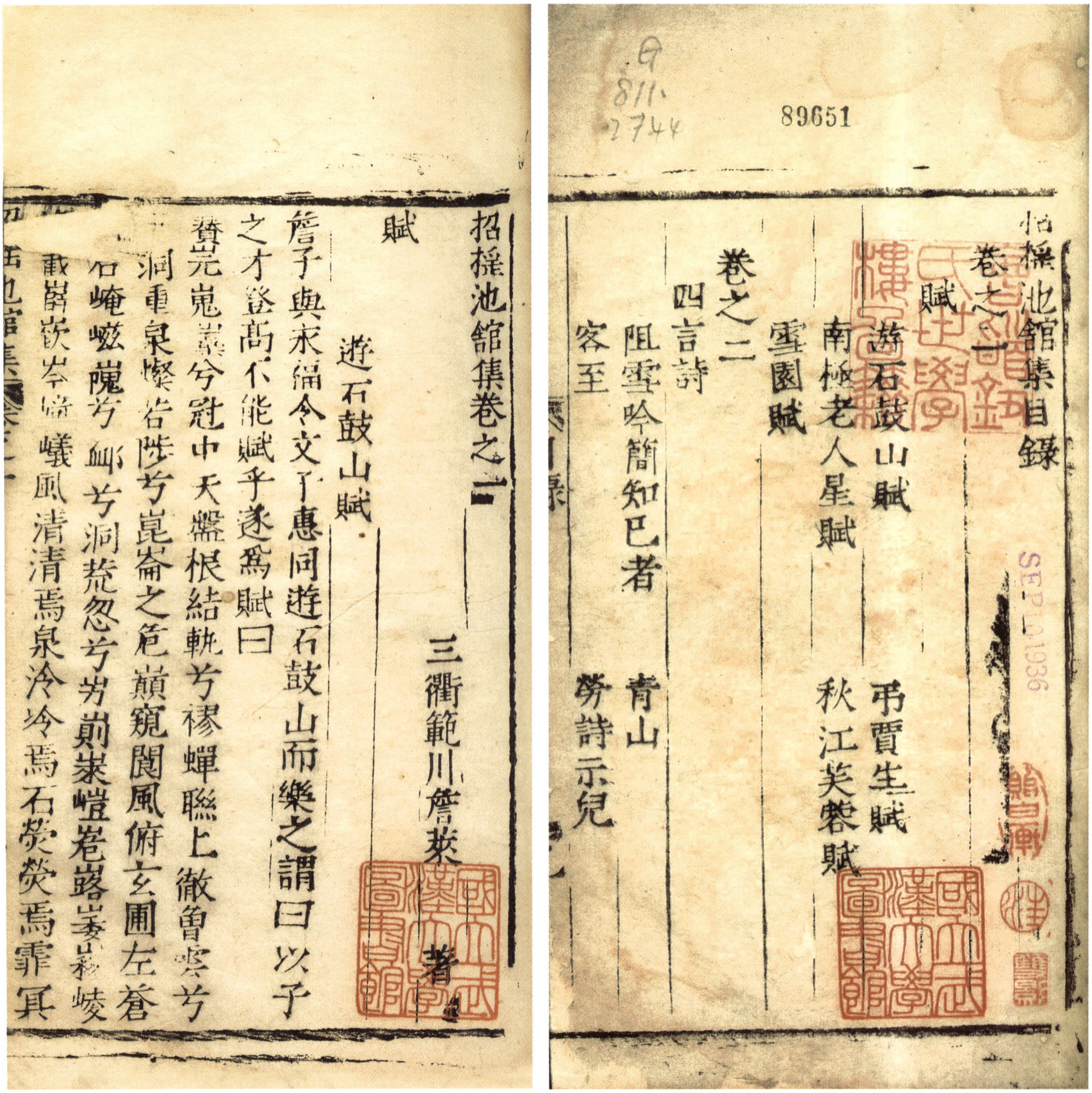

06119 招搖池館集十卷 （明）詹萊撰　明福建書坊詹佛美活字印本

框高19.1厘米，寬12.2厘米。半葉十行，行二十一字，白口，四周單邊，單黑魚尾。鈐“雙影”、“會稽鈕氏世學樓圖籍”、“貽白軒”等印。武漢大學圖書館藏。

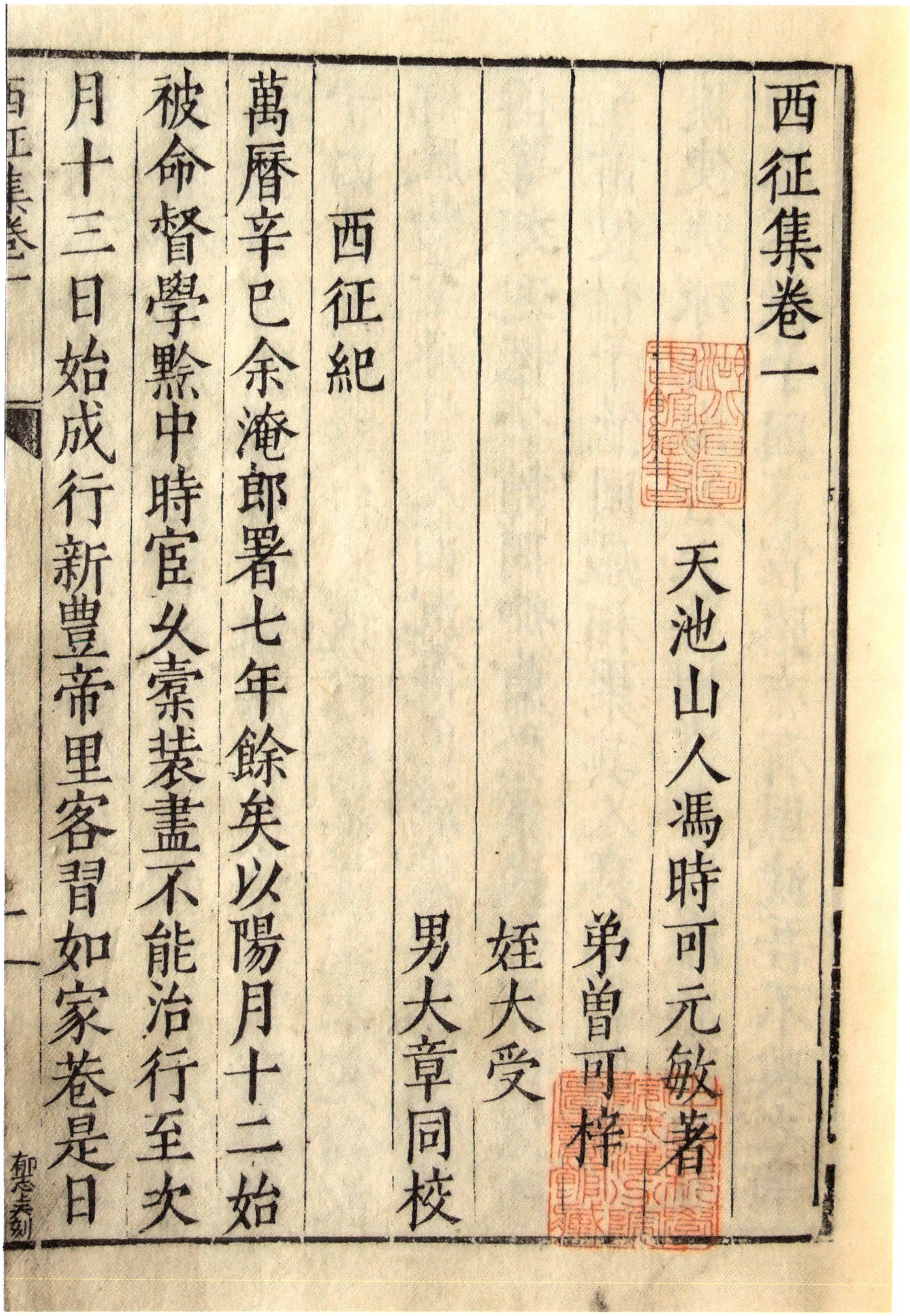

西征集卷一

天池山人馮時可元敏著

弟曾可梓

姪大受

男大章同校

西征紀

萬曆辛巳余淹郎署七年餘矣以陽月十二始被命督學黔中時宦久槖裝盡不能治行至次月十三日始成行新豐帝里客胥如家巷是日

06135　西征集十卷馮文所詩稿三卷黔中語録一卷續語録一卷黔中程式一卷　（明）馮時可撰　（明）馮大受　馮大章校　明萬曆馮曾可刻本

框高19.4厘米，寬14.1厘米。半葉九行，行十八字，小字雙行同，白口，左右雙邊，單黑魚尾。湖北省圖書館藏。

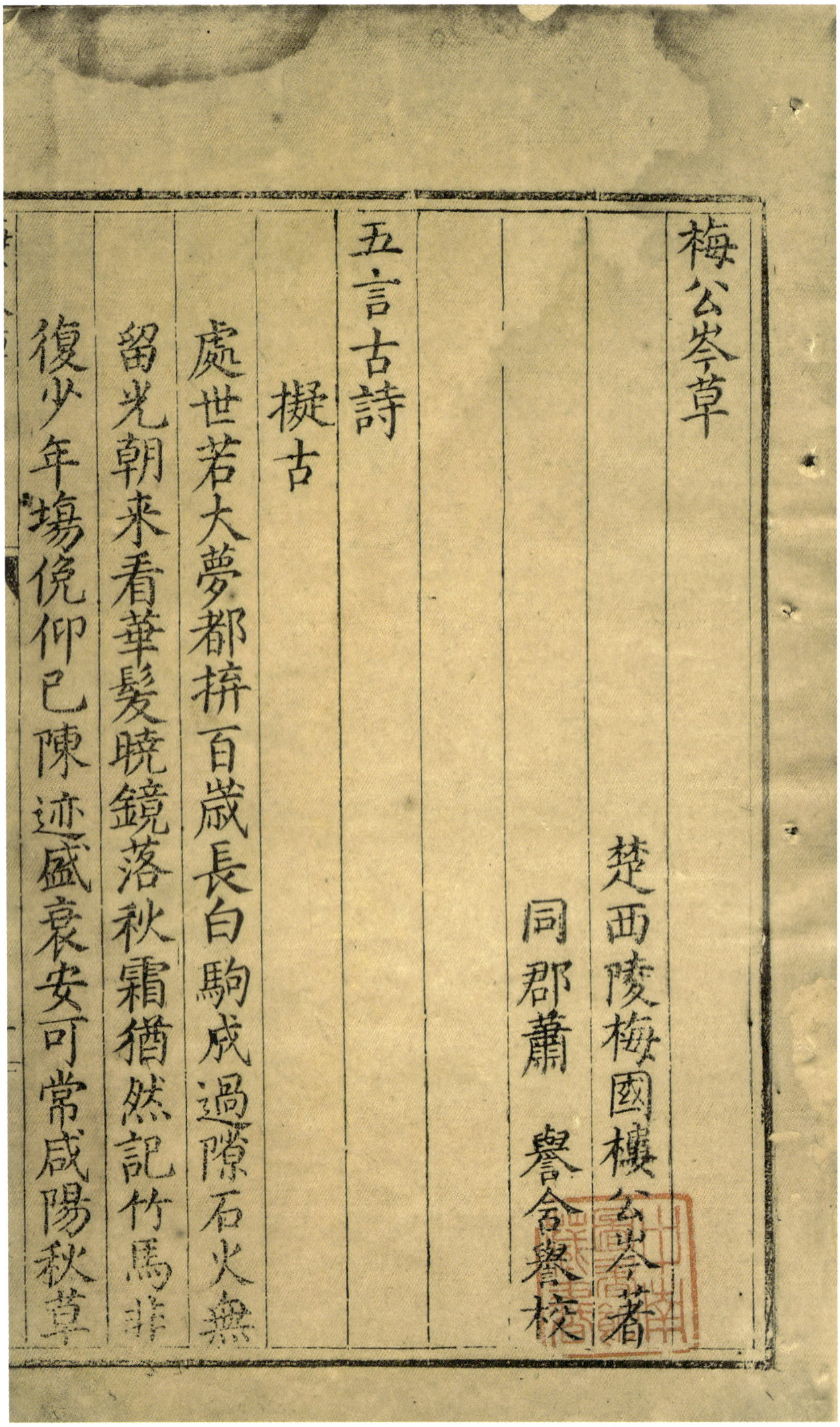
梅公岑草
楚西陵梅國樓公岑著
同郡蕭　譽含譽校
五言古詩
擬古
處世若大夢都捹百歲長白駒成過隙石火無
留光朝来看華髮曉鏡落秋霜猶然記竹馬非
復少年場俛仰已陳迹盛衰安可常咸陽秋草

09248 梅公岑草不分卷 （明）梅國樓撰　（明）蕭譽校　明萬曆三十一年（1605）刻本

框高21.7厘米，寬14.8厘米。半葉九行，行二十字，白口，四周雙邊，單黑魚尾。湖北省圖書館藏。

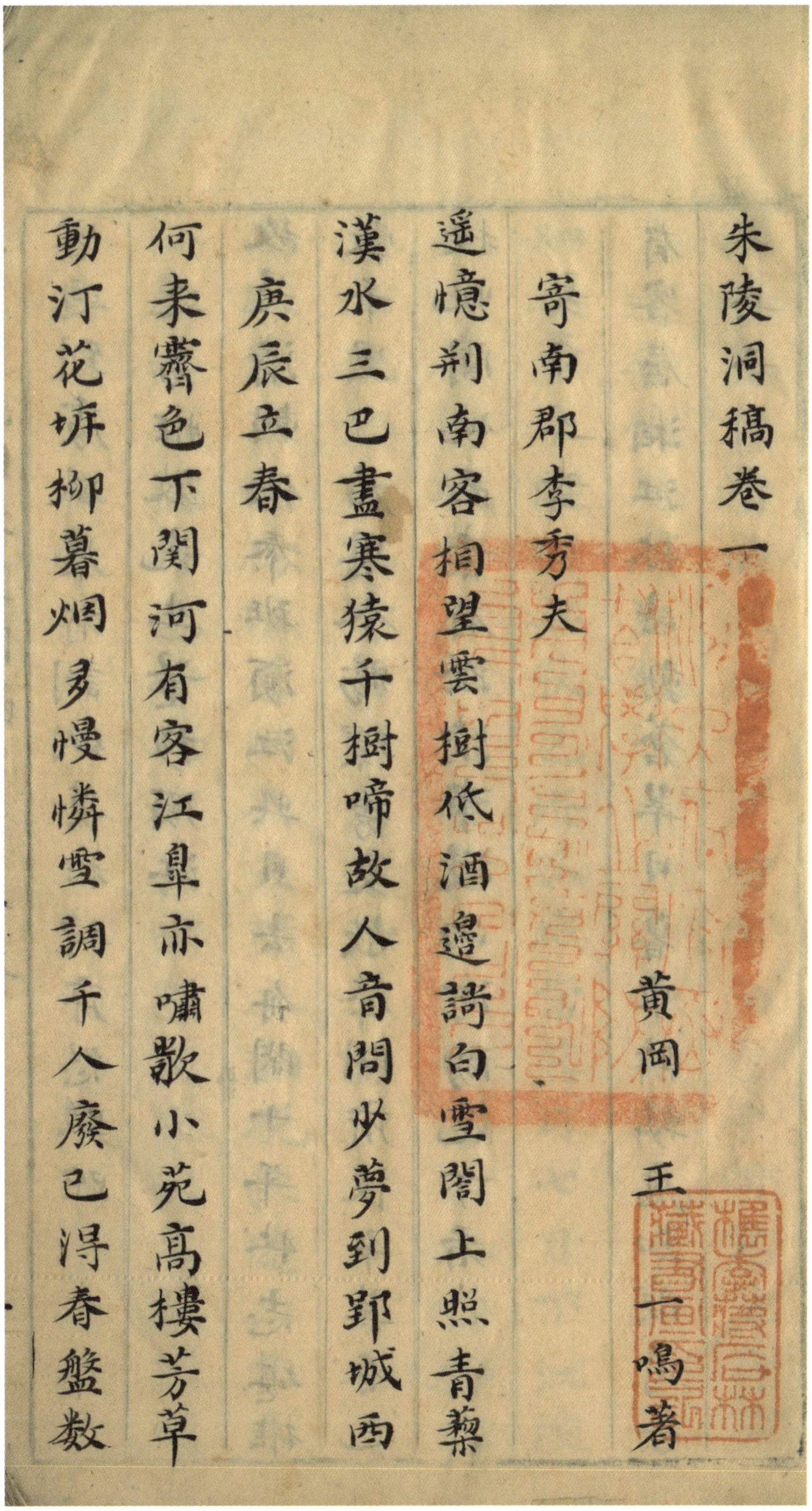
朱陵洞稿卷一
黄岡 王一鳴著
寄南郡李秀夫
遥憶荆南客相望雲樹低酒邉詩白雪閣上照青藜
漢水三巴盡寒猿千樹啼故人音問少夢到郢城西
庚辰立春
何来霽色下関河有客江皐亦嘯歌小苑高樓芳草
動汀花坼柳暮烟多慢憐雪調千人賡已得春盤数

06140 朱陵洞稿三十三卷附中州武録一卷 （明）王一鳴撰　明鈔本

半葉單框，框高20.8厘米，寬13.4厘米。半葉八行，行二十字，藍格，白口，四周單邊，無魚尾。鈐“檇李蔣石林藏書畫印記”及滿漢合璧“順天府府丞督學之關防”印。湖北省圖書館藏。

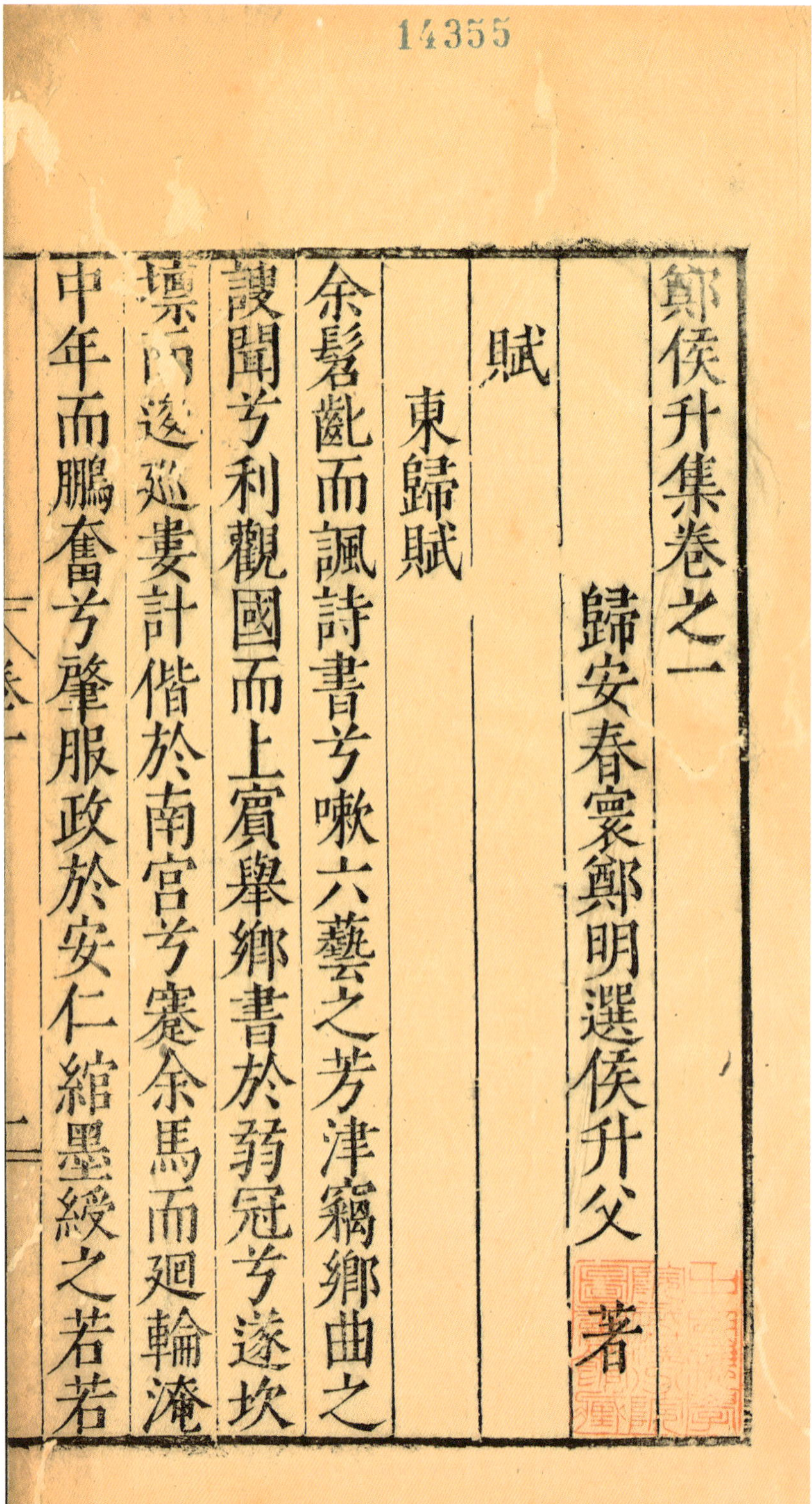

鄭侯升集卷之一

歸安春寰鄭明選侯升父著

賦

東歸賦

余髫齔而諷詩書兮嗽六藝之芳津竊鄉曲之謏聞兮利覲國而上賓舉鄉書於弱冠兮遂坎壈而邅迍妻計偕於南宮兮蹇余馬而廻輪淹中年而鵬奮兮肇服政於安仁綰墨綬之若若

06142 鄭侯升集四十卷 （明）鄭明選著　明萬曆三十一年（1603）鄭文震刻本

框高20.1厘米，寬12.9厘米。半葉八行，行十八字，白口，四周單邊，單綫鱼尾。湖北省圖書館藏。

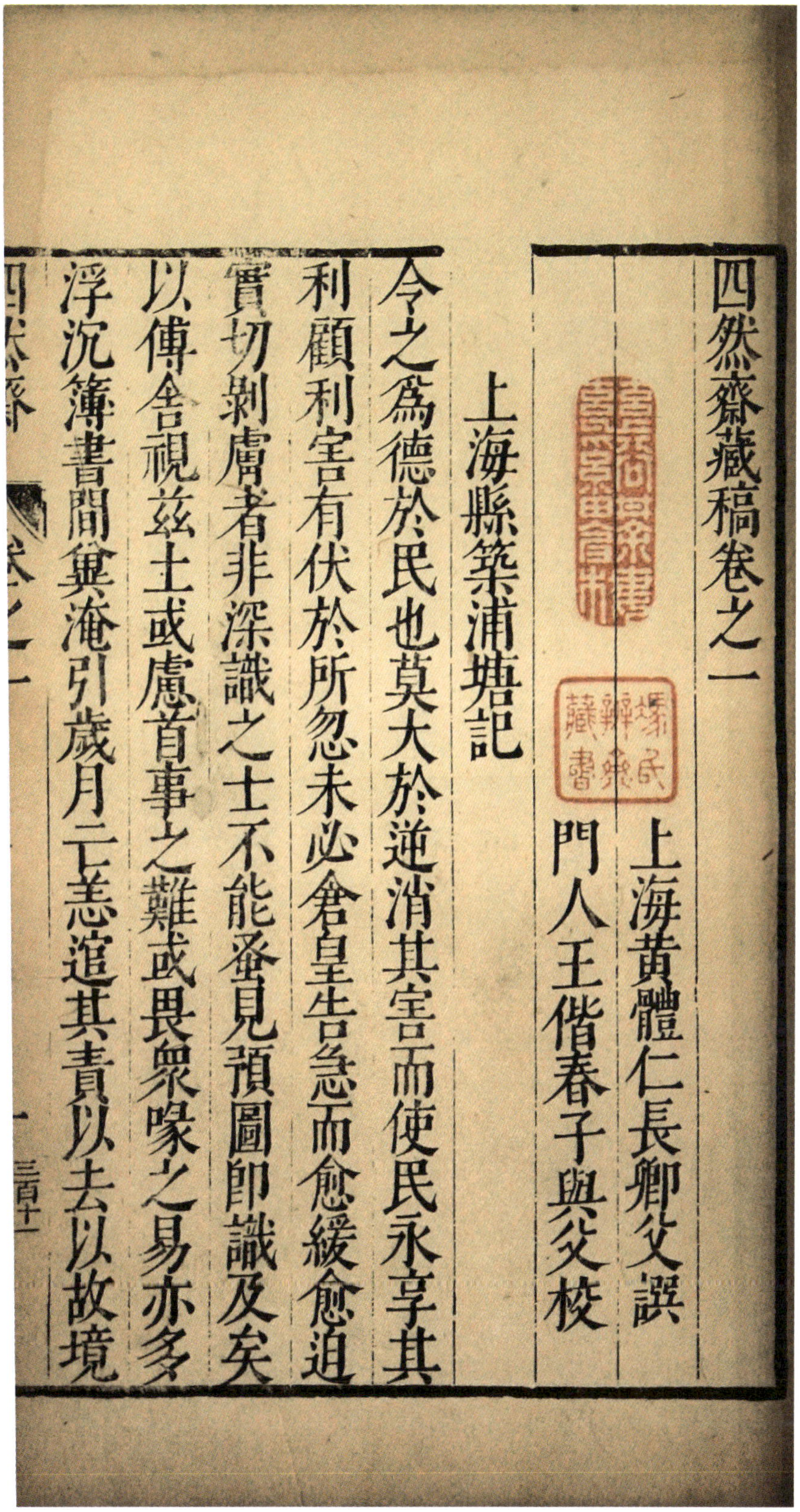
四然齋藏稿卷之一

上海黃體仁長卿父譔

門人王偕春子與父校

上海縣築浦塘記

今之爲德於民也莫大於逆消其害而使民永享其利顧利害有伏於所忽未必倉皇告急而愈緩愈逭實切剝膚者非深識之士不能蚤見預圖即識及矣以傅舍視茲土或慮首事之難或畏衆喙之易亦多浮沉簿書間冀淹引歲月亡恙逭其責以去以故境

四然齋　卷之一　一　三百十一

09255 四然齋藏稿十卷　（明）黃體仁撰　（明）王偕春校　明萬曆刻本

框高20.7厘米，寬13.5厘米。半葉九行，行二十字，白口，四周單邊，單黑魚尾。鈐“慈谿畊餘樓”、“馮氏辨齋藏書”等印。 湖北省博物館藏。

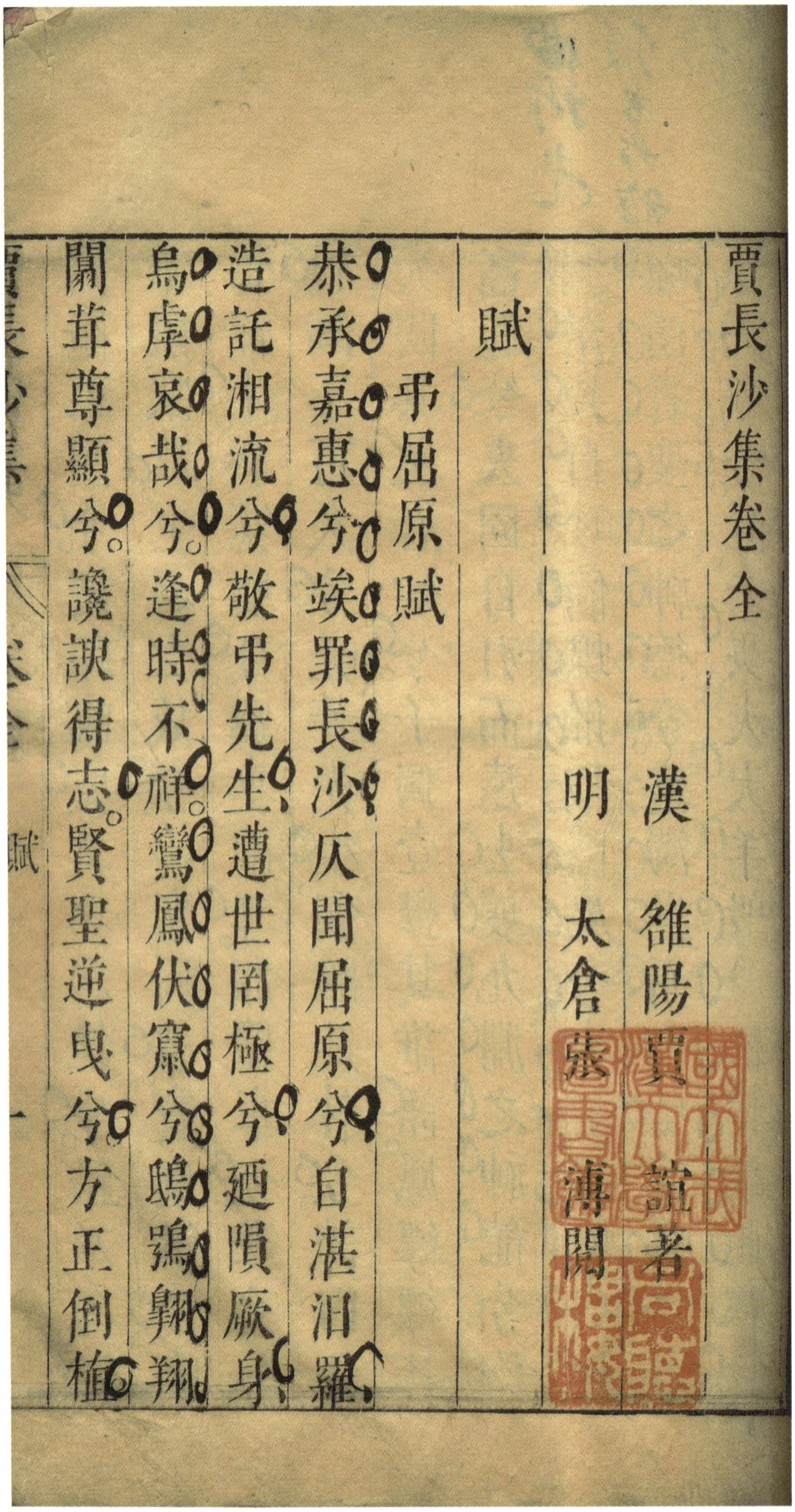
賈長沙集卷全

漢　雒陽賈　誼著

明　太倉張　溥閲

賦

弔屈原賦

恭承嘉惠兮竢罪長沙仄聞屈原兮自湛汨羅造託湘流兮敬弔先生遭世罔極兮迺隕厥身烏虖哀哉兮逢時不祥鸞鳳伏竄兮鴟鴞翺翔闒茸尊顯兮讒諛得志賢聖逆曳兮方正倒植

06180　漢魏六朝一百三家集一百十八卷　（明）張溥編　明婁東張氏刻本

框高20.5厘米，寬14.2厘米。半葉九行，行十八字，白口，左右雙邊，單綫魚尾。清何紹基墨筆圈點批註。鈐“嘉顯堂藏板”、“道州何氏收藏圖書印”、“何紹基印”、“道州何氏收藏”、“同聽樓”等印。武漢大學圖書館藏。

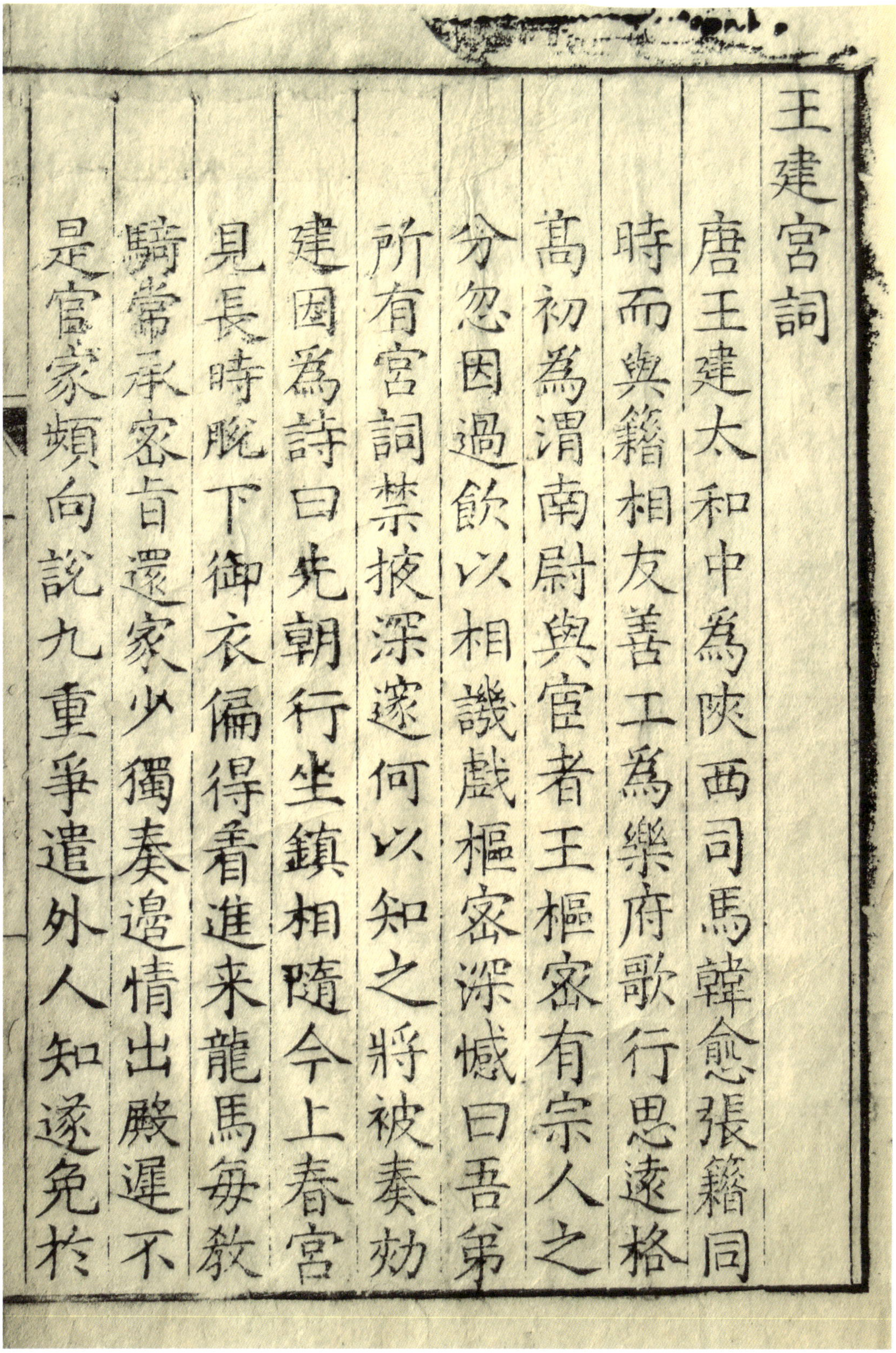
王建宮詞
唐王建太和中爲陝西司馬韓愈張籍同時而與籍相友善工爲樂府歌行思遠格髙初爲渭南尉與宦者王樞密有宗人之分忽因過飲以相譏戲樞密深憾曰吾弟所有宮詞禁掖深邃何以知之將被奏劾建因爲詩曰先朝行坐鎮相隨今上春宮見長時脱下御衣偏得看進来龍馬每教騎常承密旨還家少獨奏邊情出殿遲不是宮家頻向說九重爭遣外人知遂免於

09352 四家宮詞不分卷 （明）李良柱輯　明萬曆七年（1579）刻本

框高17.6厘米，寬12.9厘米。半葉十行，行十八字，白口，左右雙邊，單黑魚尾。鈐“徐恕讀過”印。湖北省圖書館藏。

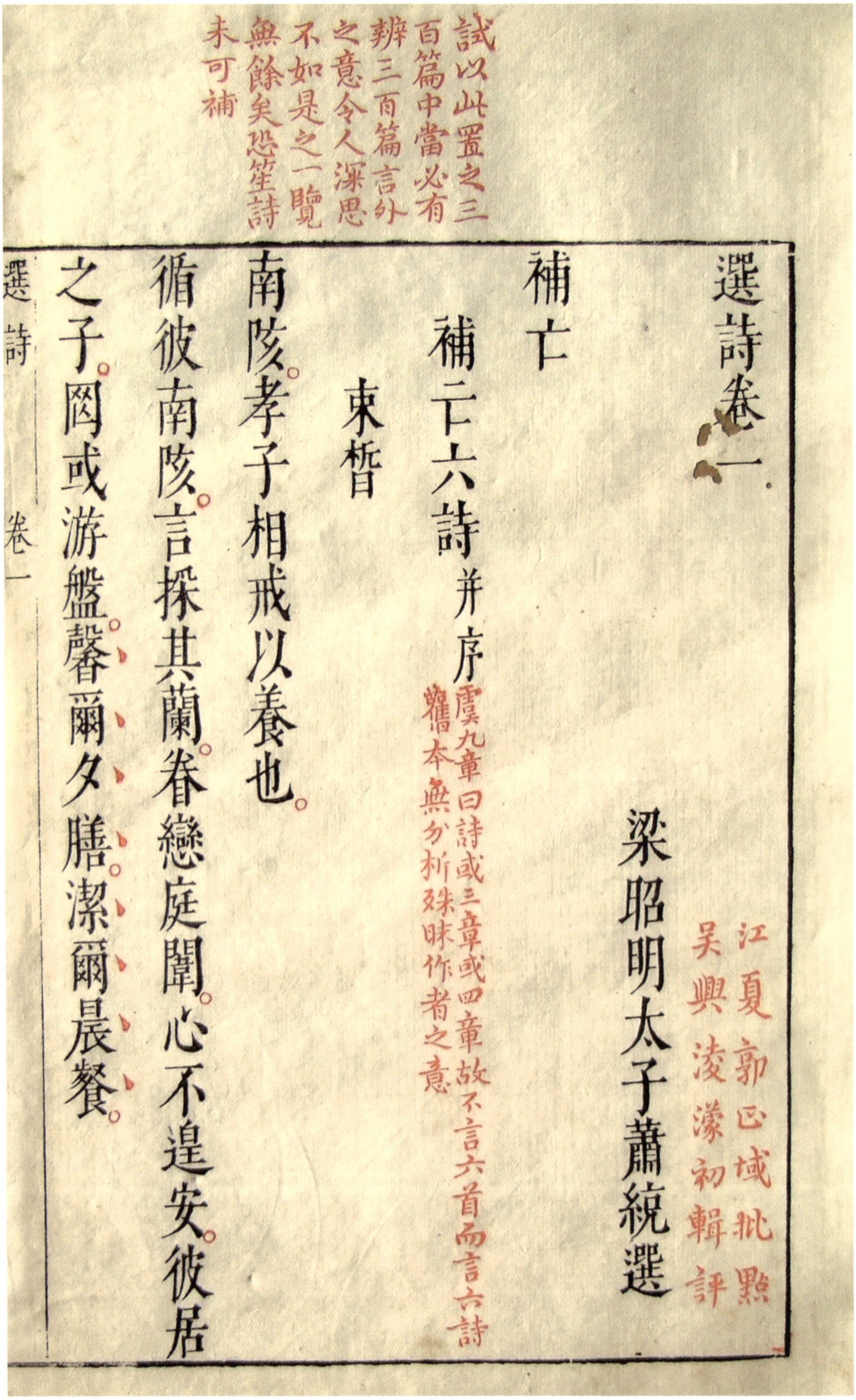
試以此置之三百篇中當必有辨三百篇言外之意令人深思不如是之一覽無餘矣恐笙詩未可補

選詩卷一

梁昭明太子蕭統選

江夏郭正域批點
吳興淩濛初輯評

補亡

補亡六詩并序

虞九章曰詩或三章或四章故不言六首而言六詩舊本無分析殊昧作者之意

束皙

南陔孝子相戒以養也

循彼南陔言採其蘭眷戀庭闈心不遑安彼居之子罔或游盤馨爾夕膳潔爾晨餐

選詩　卷一

06256　選詩七卷　（南朝梁）蕭統輯　（明）郭正域批點　（明）淩濛初輯評　**詩人世次爵里一卷**　明淩濛初刻朱墨套印本

框高20.6厘米，寬14.8厘米。半葉八行，行十八字，白口，四周單邊，無魚尾。湖北省圖書館藏。

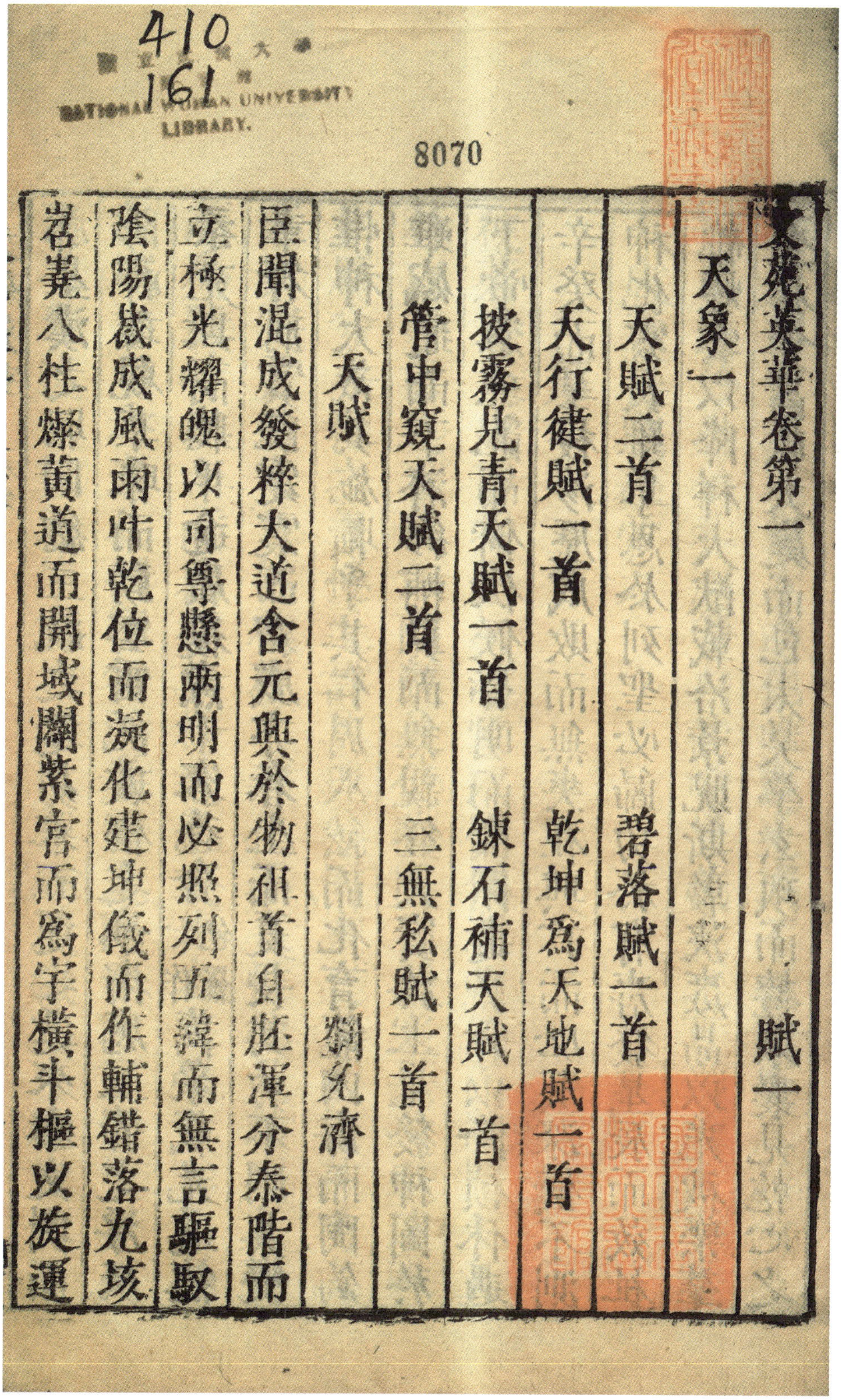

06302、06297　文苑英華一千卷　（宋）李昉等輯　明隆慶元年（1567）胡維新、戚繼光刻本

框高20.9厘米，寬15.3厘米。半葉十一行，行二十二字，小字雙行同，白口，四周單邊，無魚尾。鈐“巨倫堂藏書”印。武漢大學圖書館藏；湖北省博物館藏。

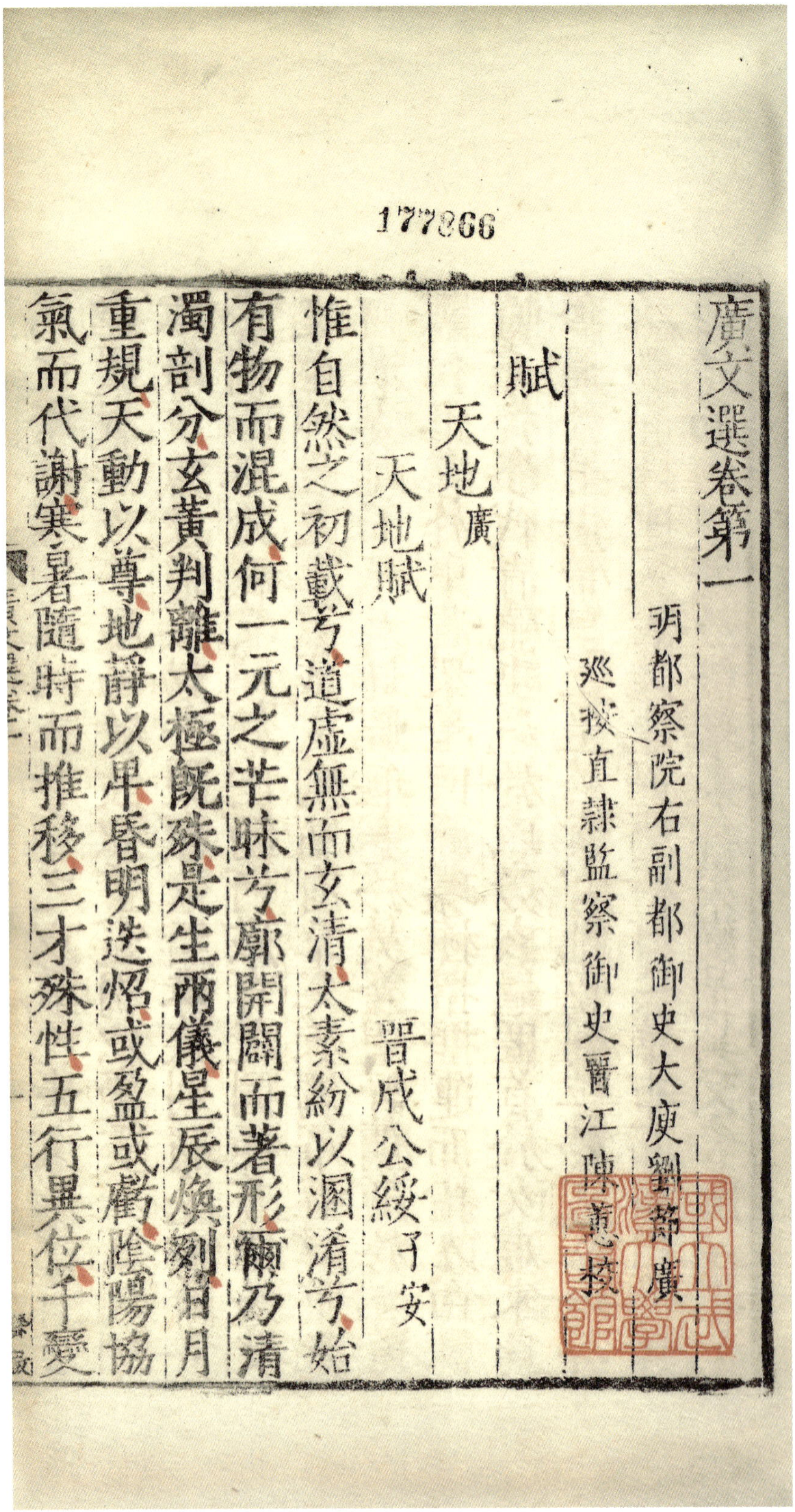

177866

廣文選卷第一

明都察院右副都御史大庾劉節廣

巡按直隸監察御史晉江陳蕙校

賦

天地　廣

天地賦　晉成公綏子安

惟自然之初載兮道虛無而玄清太素紛以溷淆兮始有物而混成何一元之芒昧兮廓開闢而著形爾乃清濁剖分玄黃判離太極既殊是生兩儀星辰煥列日月重規天動以尊地靜以卑昏明迭熠或盈或虧陰陽協氣而代謝寒暑隨時而推移三才殊性五行異位千變

廣文選卷一

06312 廣文選六十卷　（明）劉節輯　明嘉靖十六年（1537）陳蕙刻本

框高21厘米，寬14.8厘米。半葉十一行，行二十一字，白口，四周單邊，單黑魚尾。扉頁題"己丑季冬貯於覺非草堂"。鈐"薛秉貞印"印。武漢大學圖書館藏。

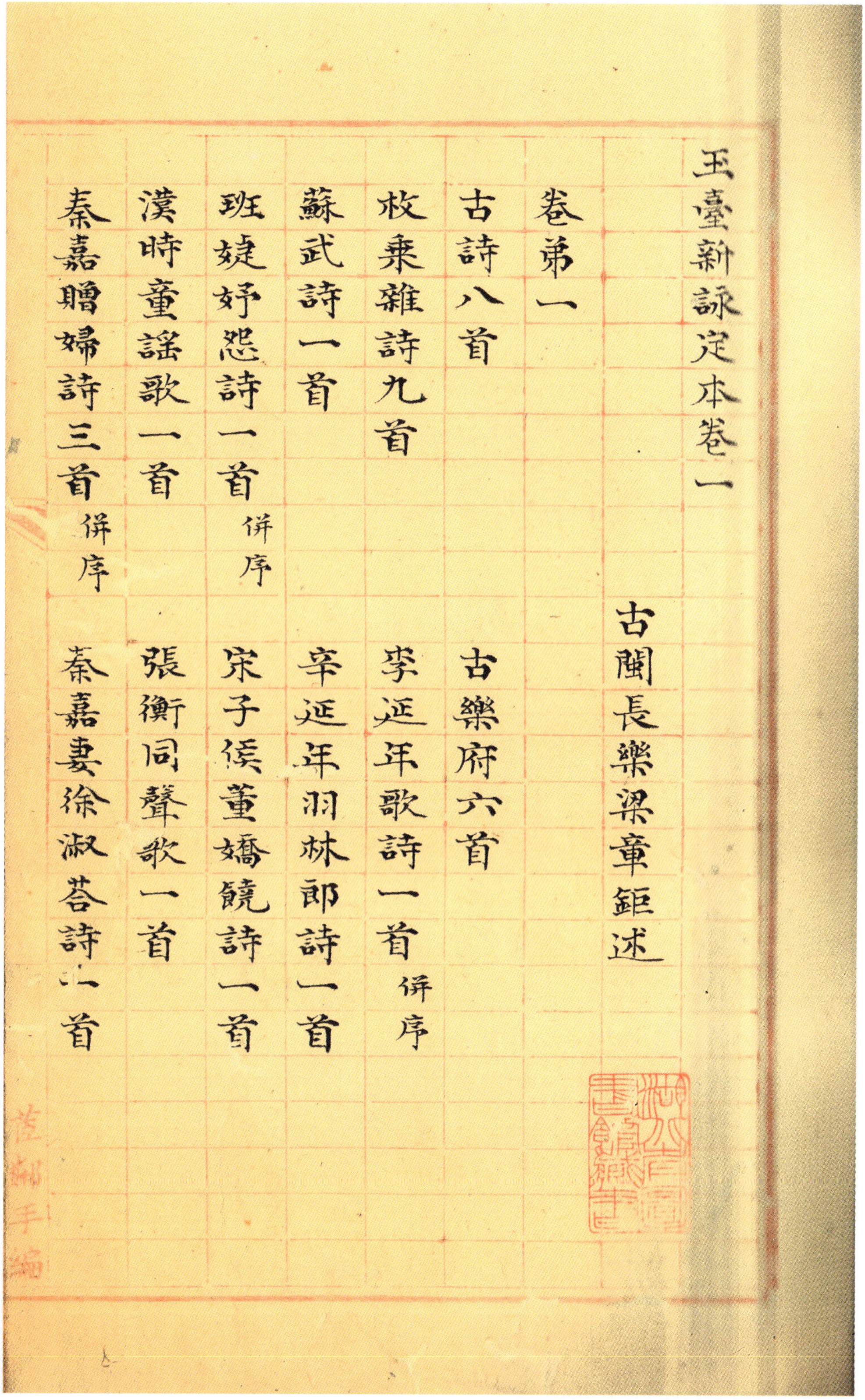

09381 玉臺新詠定本十卷（陳）徐陵輯（清）梁章鉅注　清稿本

框高19.9厘米，寬13.4厘米。半葉九行，行二十五字，小字雙行同，紅格，白口，四周雙邊，單紅魚尾。版心下鎸“苣鄰手編”。湖北省圖書館藏。

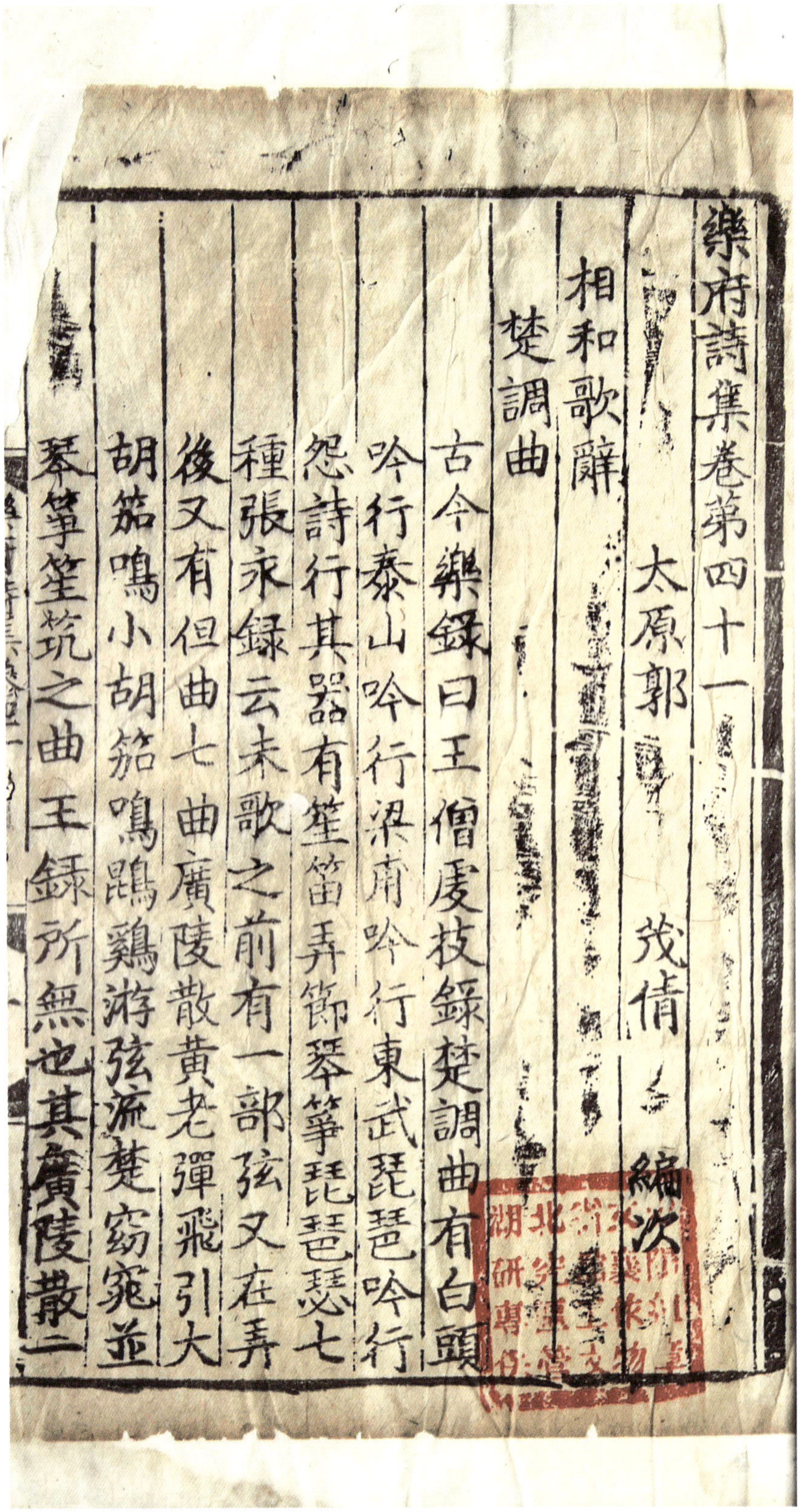

樂府詩集卷第四十一
太原郭茂倩　編次
相和歌辭
楚調曲
古今樂録曰王僧虔技録楚調曲有白頭吟行泰山吟行梁甫吟行東武琵琶吟行怨詩行其器有笙笛弄節琴箏琵琶瑟七種張永録云未歌之前有一部弦又在弄後又有但曲七曲廣陵散黄老彈飛引大胡笳鳴小胡笳鳴鵾鷄游弦流楚窈窕並琴箏笙筑之曲王録所無也其廣陵散二

03172　樂府詩集一百卷目録二卷（宋）郭茂倩輯　元至正元年（1341）集慶路儒學刻明修本

框高22.6厘米，寬15.3厘米。半葉十一行，行二十字，黑口，左右雙邊，三黑魚尾。存二卷（卷四十一至卷四十二）。襄陽市少年兒童圖書館藏。

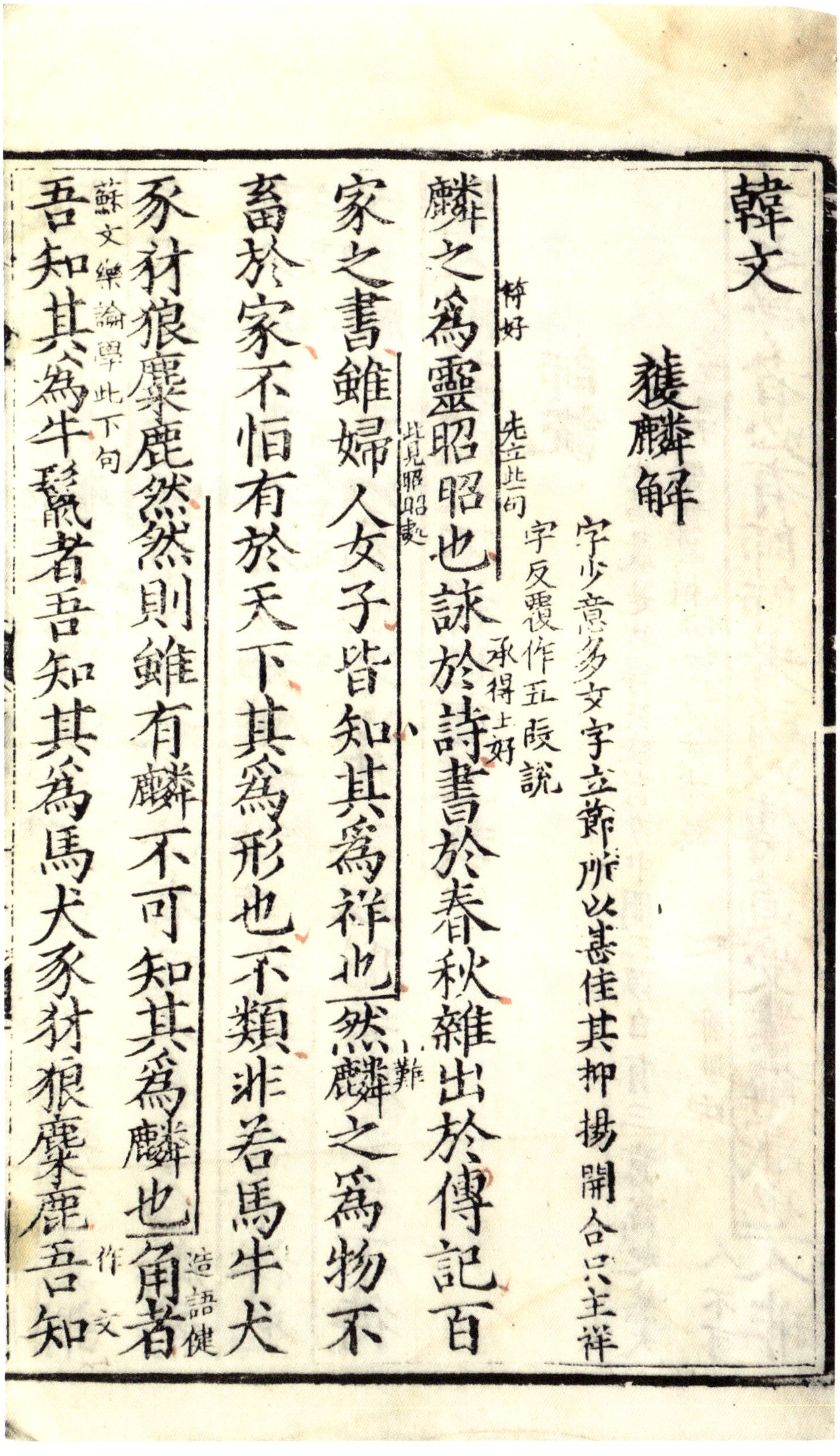
韓文
獲麟解
字少意多文字立節所以甚佳其抑揚開合只主祥
字反覆作五段說
特好
先立此句
承得上好
麟之爲靈昭昭也詠於詩書於春秋雜出於傳記百
此見昭昭處
難
家之書雖婦人女子皆知其爲祥也然麟之爲物不
畜於家不恒有於天下其爲形也不類非若馬牛犬
造語健
豕犲狼麋鹿然然則雖有麟不可知其爲麟也角者
作文
蘇文樂論學此下句
吾知其爲牛鬣者吾知其爲馬犬豕犲狼麋鹿吾知

06346 東萊先生古文關鍵二卷 （宋）呂祖謙輯　明嘉靖十九年（1540）楚府崇本書院刻本

框高24厘米，寬16厘米。半葉八行，行二十字，黑口，四周雙邊，對黑魚尾。有“嘉靖庚子仲春月楚府崇本書院重刊”牌記。華中師範大學圖書館藏。

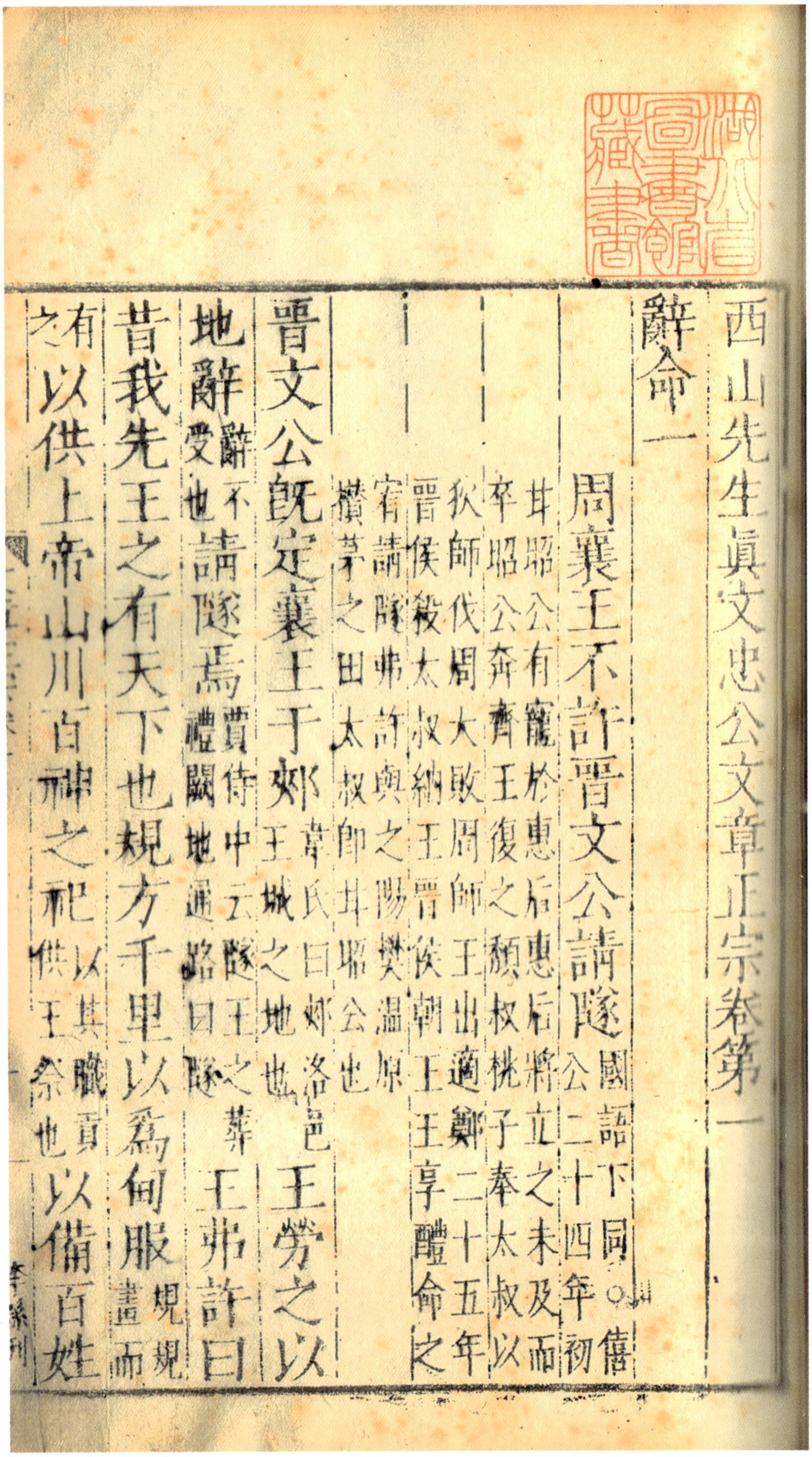
西山先生眞文忠公文章正宗卷第一
辭命一
周襄王不許晉文公請隧國語下同○僖公二十四年初甘昭公有寵於惠后惠后將立之未及而卒昭公奔齊王復之頽叔桃子奉太叔以狄師伐周大敗周師王出適鄭二十五年晉侯殺太叔納王晉侯朝王王享醴命之宥請隧弗許與之陽樊溫原欑茅之田太叔即甘昭公也
晉文公既定襄王于郟韋氏曰郟洛邑王城之地也王勞之以地辭辭不受也請隧焉賈侍中云隧王之葬禮闕地通路曰隧王弗許曰昔我先王之有天下也規方千里以爲甸服規規畫而有之以供上帝山川百神之祀以其職貢供王祭也以備百姓

06359 西山先生真文忠公文章正宗二十四卷 （宋）真德秀輯　明嘉靖四十三年（1564）李豸、李磐刻本

框高21.2厘米，寬15.8厘米。半葉十行，行十九字，小字雙行同，白口，左右雙邊，單黑魚尾。湖北省圖書館藏。

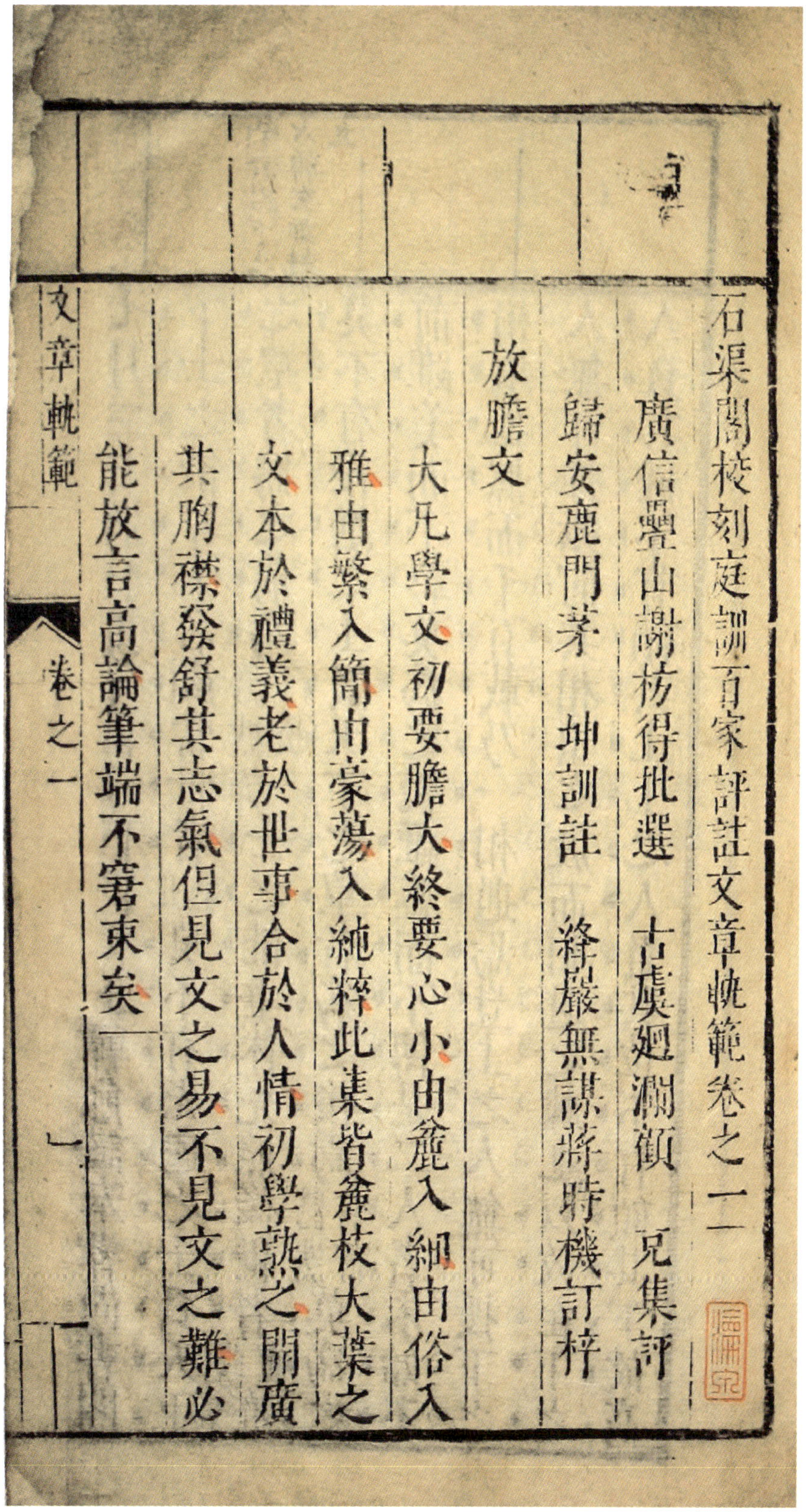
石渠閣校刻庭訓百家評註文章軌範卷之一
廣信疊山謝枋得批選　古虞迴瀾顧　充集評
歸安鹿門茅　坤訓註　絳巖無謀蔣時機訂梓
放膽文
大凡學文初要膽大終要心小由麄入細由俗入雅由繁入簡由豪蕩入純粹此集皆麄枝大葉之文本於禮義老於世事合於人情初學熟之開廣其胸襟發舒其志氣但見文之易不見文之難必能放言高論筆端不窘束矣
文章軌範　卷之一　一

09431 石渠閣校刻庭訓百家評註文章軌範七卷（宋）謝枋得輯　（明）顧充集評　（明）茅坤訓注　清順治十七年（1660）蔣時機刻本

框高21.9厘米，寬11.6厘米。半葉九行，行二十二字，白口，兩節版，四周單邊，綫黑口，單黑魚尾。武漢圖書館藏。

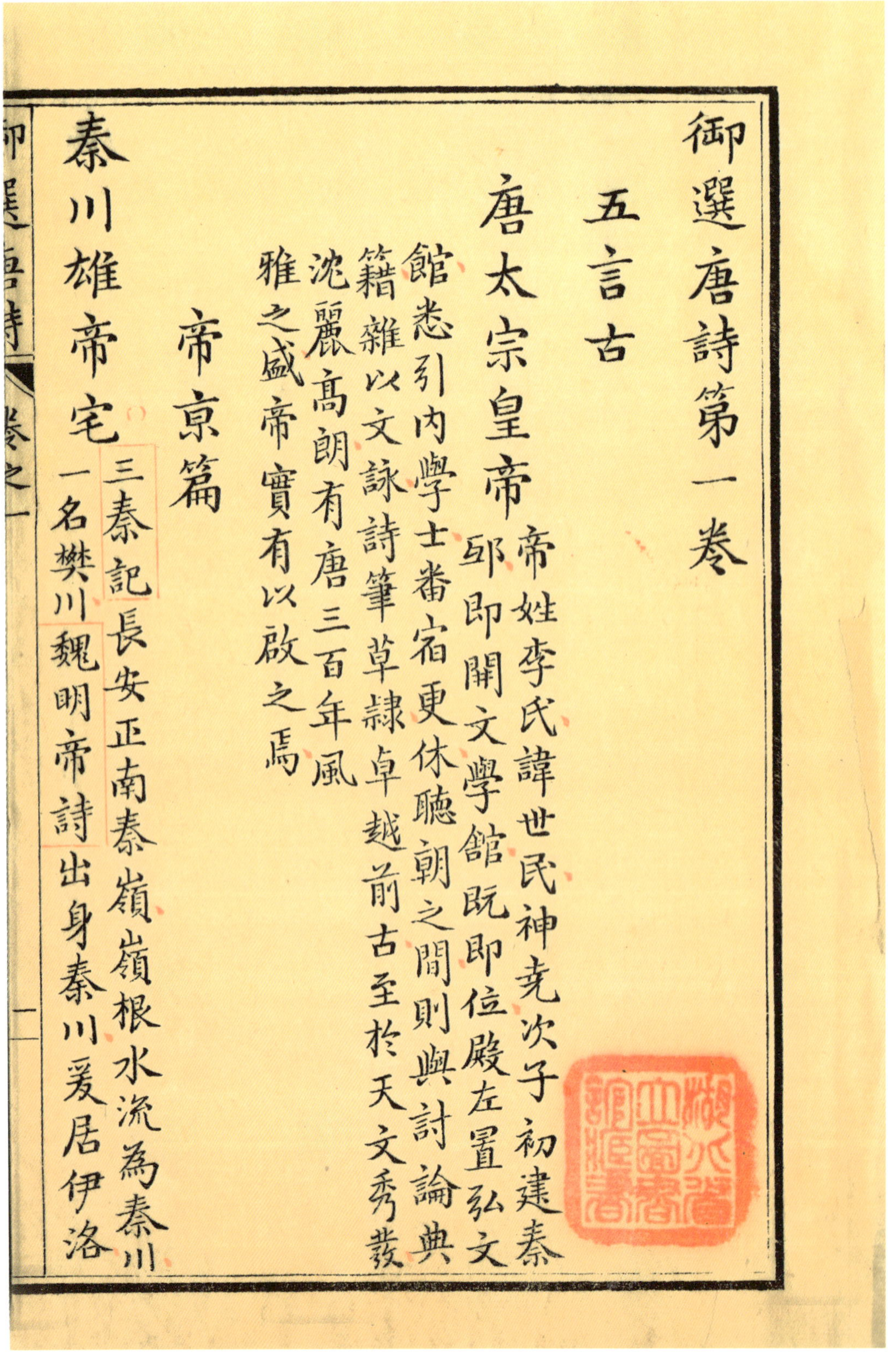
御選唐詩第一卷

五言古

唐太宗皇帝　帝姓李氏諱世民神堯次子初建秦邸即開文學館既即位殿左置弘文館悉引內學士番宿更休聽朝之間則與討論典籍雜以文詠詩筆草隸卓越前古至於天文秀發沈麗高朗有唐三百年風雅之盛帝實有以啟之焉

帝京篇

秦川雄帝宅　三秦記長安正南秦嶺嶺根水流為秦川一名樊川魏明帝詩出身秦川爰居伊洛

御選唐詩　卷之一　一

09496 御選唐詩三十二卷目録三卷（清）聖祖玄燁輯（清）陳廷敬等輯注　清康熙五十二年（1713）內府刻朱墨套印本

框高19厘米，寬12.5厘米。半葉七行，行十七字，小字雙行字數不等，白口，四周雙邊，單黑魚尾。鈐“春霆印信”印。湖北省圖書館藏。

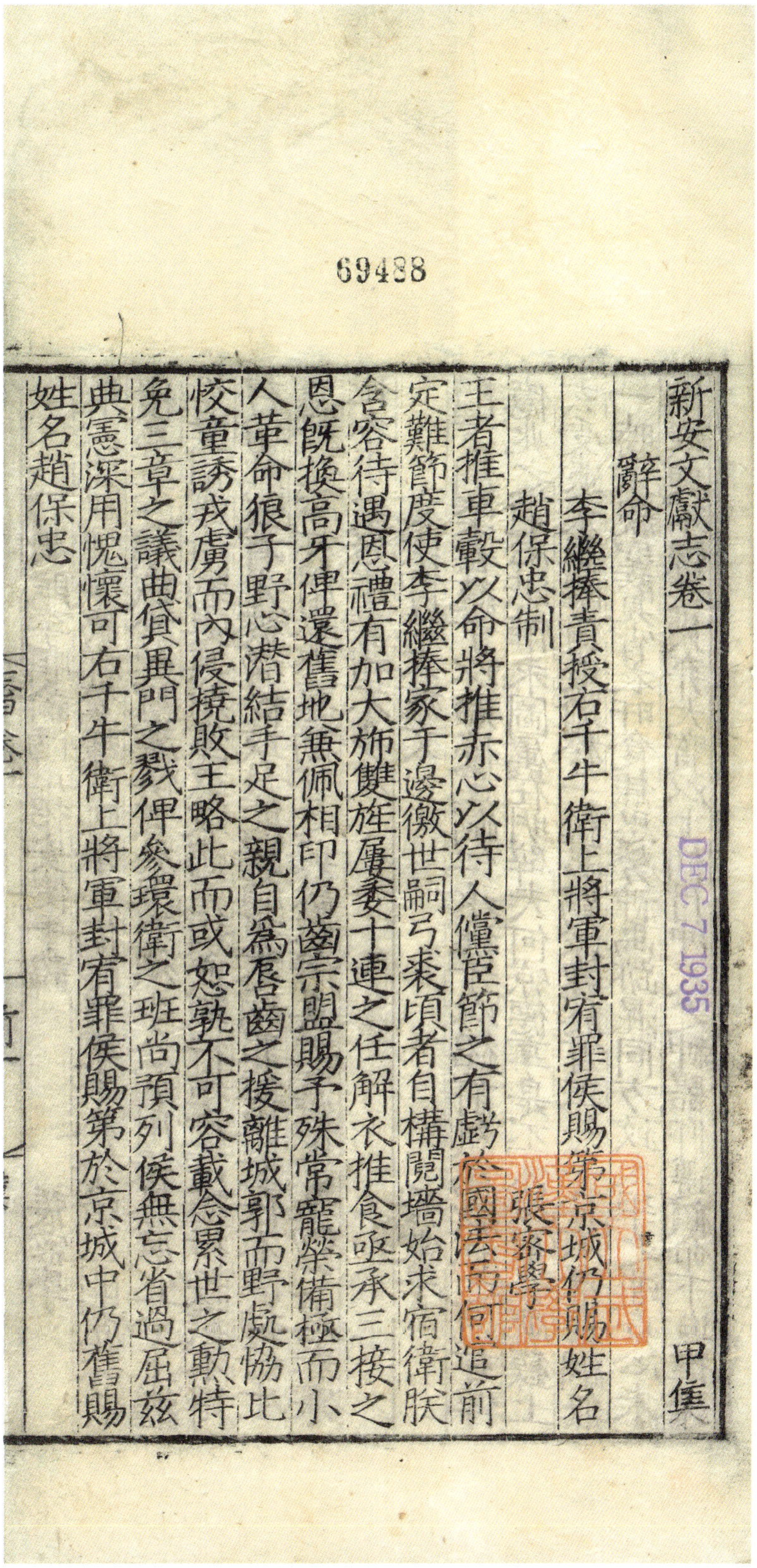

新安文獻志卷一　甲集
辭命
李繼捧責授右千牛衛上將軍封宥罪侯賜第京城仍賜姓名
趙保忠制
王者推車轂以命將推赤心以待人儻臣節之有虧於國法何追前
定難節度使李繼捧家于邊徼世嗣弓裘頃者自構閱墻始求宿衛朕
含容待遇恩禮有加大旆雙旌屢委干連之任解衣推食亟承三接之
恩既換高牙俾還舊地兼佩相印仍齒宗盟賜予殊常寵榮備極而小
人革命狼子野心潜結手足之親自爲唇齒之援離城郭而野處協比
狡童誘戎虜而內侵撓敗王略此而或恕孰不可容載念累世之勲特
免三章之議曲貸異門之戮俾參環衛之班尚預列侯無忘省過屈茲
典憲深用愧懷可右千牛衛上將軍封宥罪侯賜第於京城中仍舊賜
姓名趙保忠

09519 新安文獻志一百卷先賢事略二卷目録二卷　（明）程敏政輯

明弘治十年（1497）祁司員、彭哲等刻本

框高19.1厘米，寬13.4厘米。半葉十三行，行二十七字，小字雙行同，白口，左右雙邊，對綫魚尾。武漢大學圖書館藏。

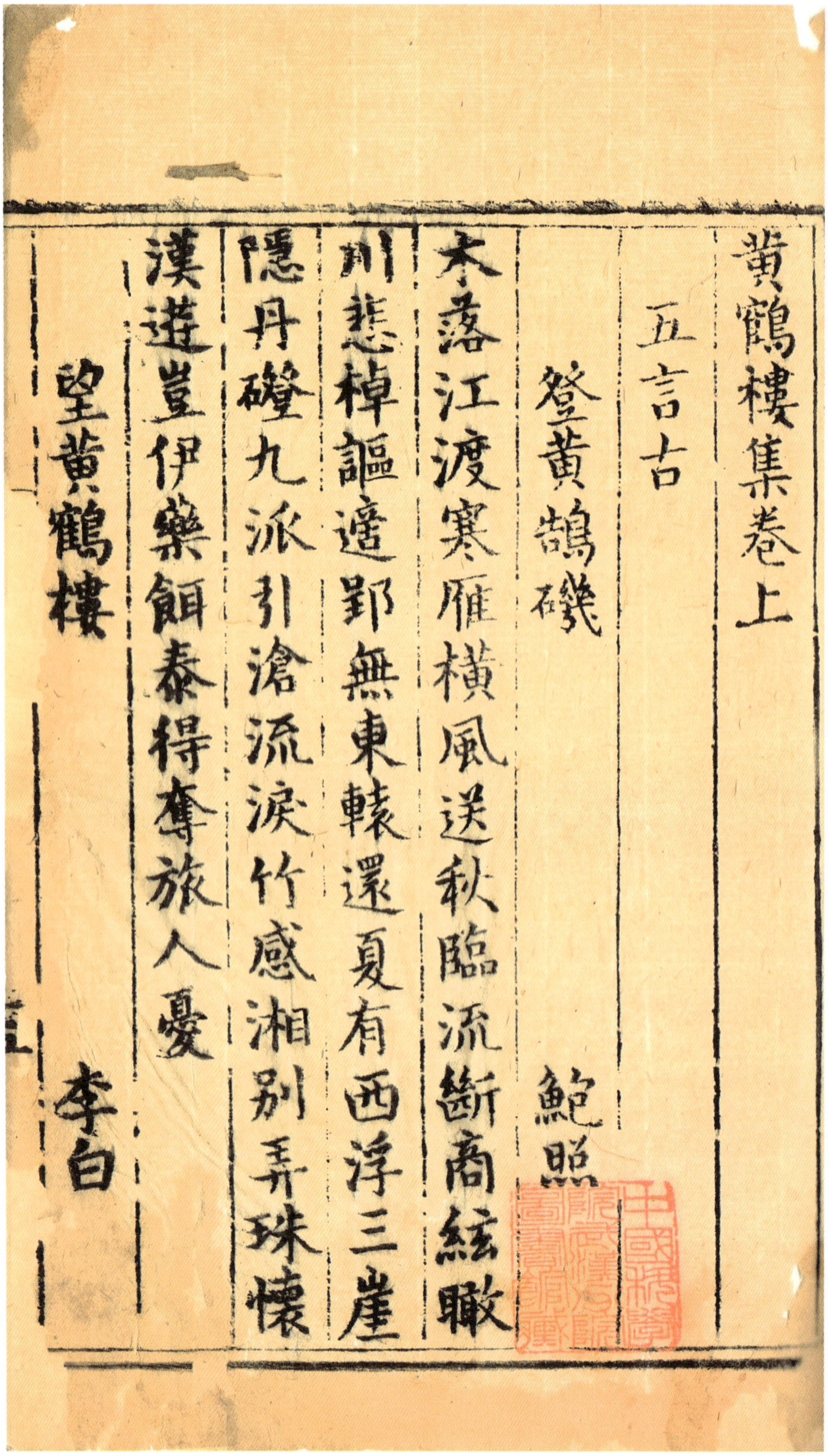

黃鶴樓集卷上

五言古

登黃鵠磯　　鮑照

木落江渡寒雁横風送秋臨流斷商絃瞰川悲棹謳適郢無東轅還夏有西浮三崖隱丹磴九派引滄流淚竹感湘别弄珠懷漢遊豈伊藥餌泰得奪旅人憂

望黃鶴樓　　李白

06587　黃鶴樓集三卷　（明）孫承榮纂輯　明萬曆武昌府刻本

框高20厘米，寬14.8厘米。半葉八行，行十六字，白口，四周雙邊，單黑魚尾。佚名朱筆圈點。書前有“武昌府經歷司經歷伍宁督刊”字樣。據《中國古籍善本書目》載，此書爲孤本。鈐“曾歸徐氏彊誃”印。湖北省圖書館藏。

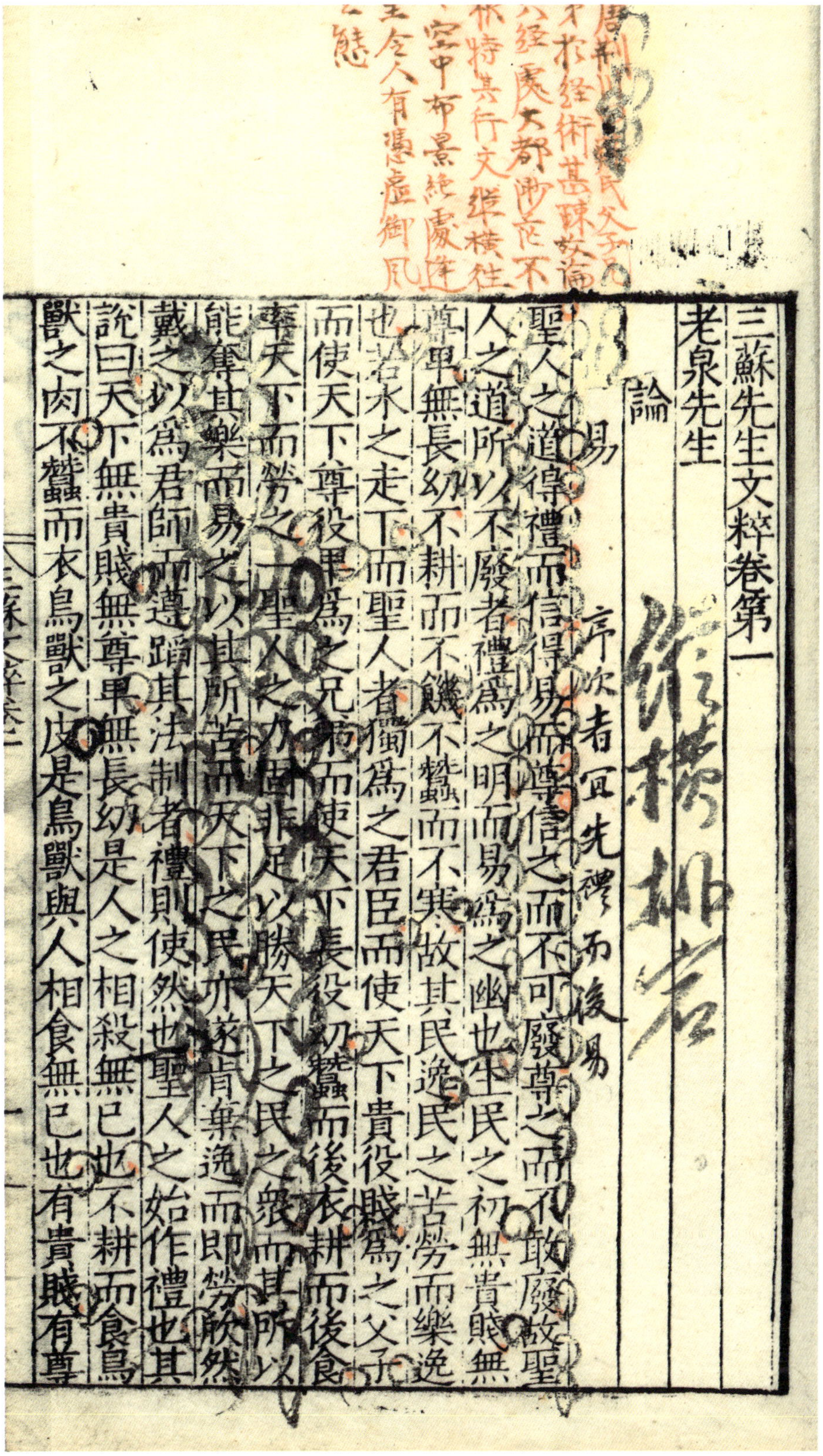

06491 三蘇先生文粹七十卷 （宋）蘇洵　蘇軾　蘇轍撰　明刻本

框高19.1厘米，寬14.2厘米。半葉十四行，行二十六字，白口，左右雙邊，單綫魚尾。目録首頁有“吴興施峻叢桂園珍藏”題識。書中有清人朱墨圈點批註。鈐“果育精舍藏書”、“璉川子”、“平尗”等印。武漢大學圖書館藏。

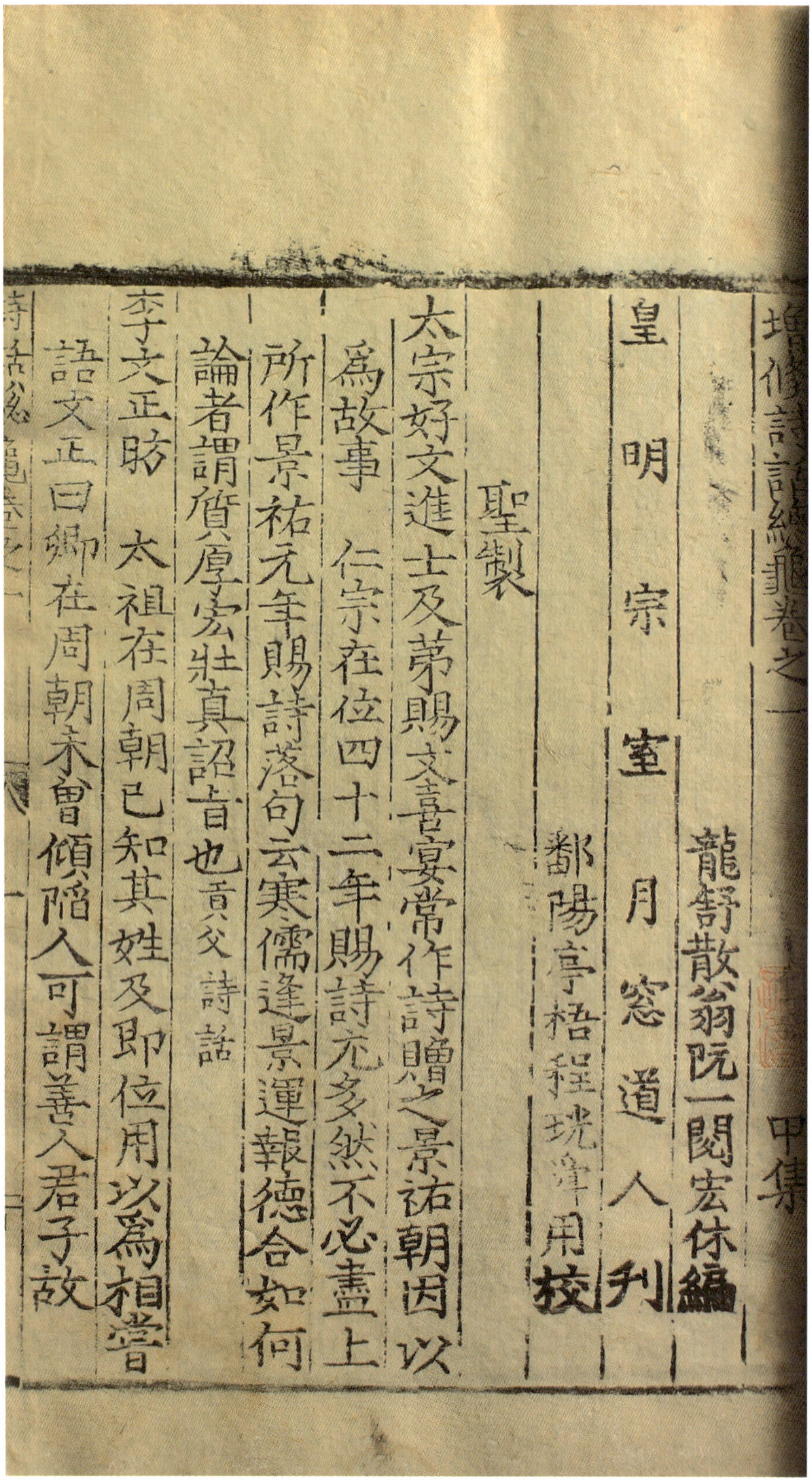
增修詩話總龜卷之一　甲集
龍舒散翁阮一閱宏休編
皇明宗室月窗道人刊
鄱陽亭梧程珖淳用校
聖製
太宗好文進士及第賜文喜宴常作詩贈之景祐朝因以
爲故事　仁宗在位四十二年賜詩尤多然不必盡上
所作景祐元年賜詩落句云寒儒逢景運報德合如何
論者謂質厚宏壯真詔旨也貢父詩話
李文正昉　太祖在周朝已知其姓及即位用以爲相嘗
語文正曰卿在周朝未曾傾陷人可謂善人君子故

06503 增修詩話總龜四十八卷後集五十卷 （宋）阮閱輯　明嘉靖二十四年（1545）月窗道人刻本

框高17.3厘米，寬13.3厘米。半葉十一行，行二十二字，白口，四周單邊，單黑魚尾。湖北大學圖書館藏。

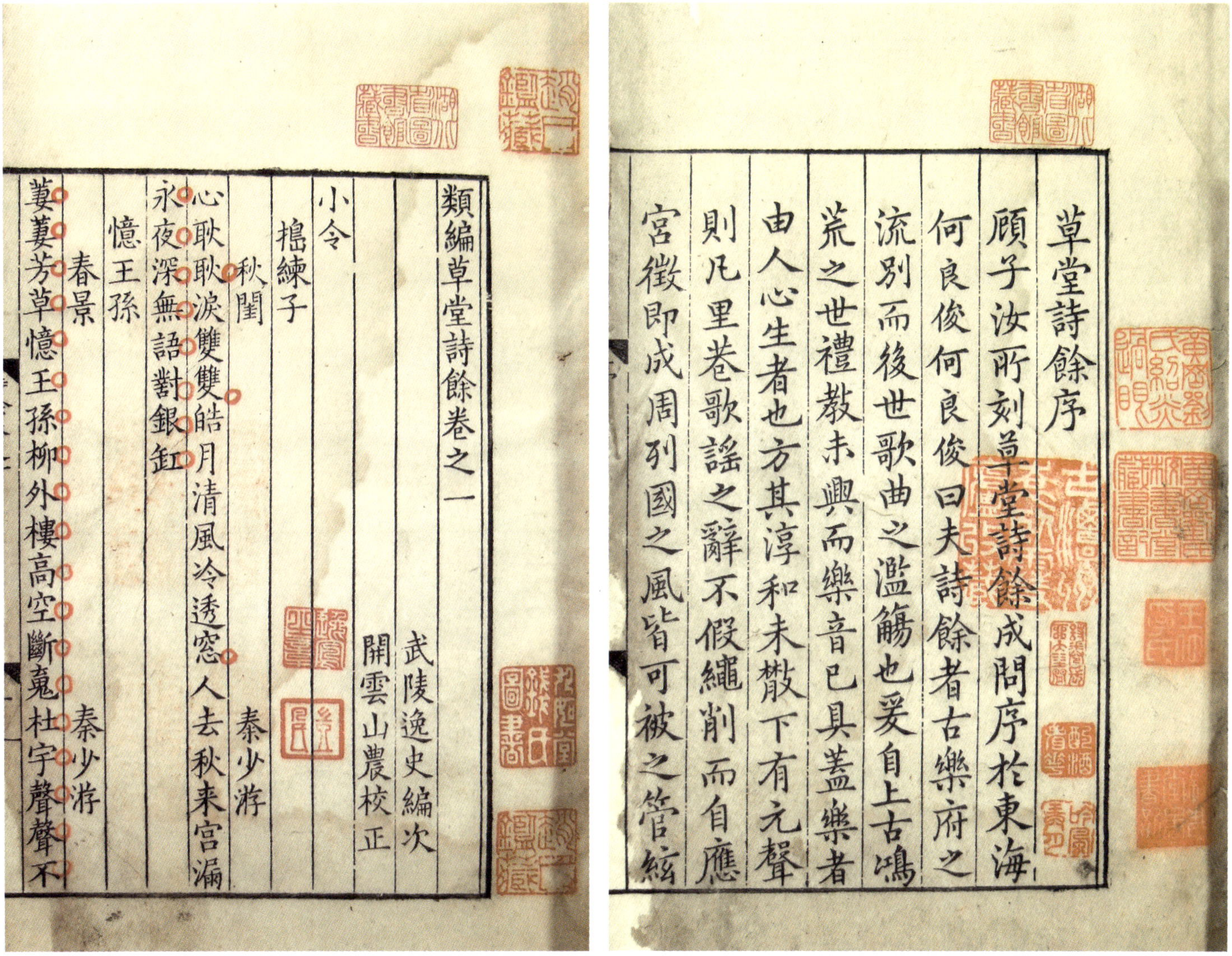

草堂詩餘序
顧子汝所刻草堂詩餘成問序於東海
何良俊何良俊曰夫詩餘者古樂府之
流別而後世歌曲之濫觴也爰自上古鴻
荒之世禮教未興而樂音已具蓋樂者
由人心生者也方其淳和未散下有元聲
則凡里巷歌謠之辭不假繩削而自應
宮徵即成周列國之風皆可被之管絃

類編草堂詩餘卷之一
武陵逸史編次
開雲山農校正
小令
擣練子
秋閨　秦少游
心耿耿淚雙雙皓月清風冷透窻人去秋來宮漏
永夜深無語對銀釭
憶王孫
春景　秦少游
萋萋芳草憶王孫柳外樓高空斷魂杜宇聲聲不

09554 類編草堂詩餘四卷 （宋）何士信輯　（明）顧從敬編次　明嘉靖二十九年（1550）顧從敬刻本

框高17.6厘米，寬12.2厘米。半葉十一行，行十九字，綫黑口，左右雙邊，順黑魚尾。佚名朱筆圈點。鈐“古潭州袁臥雪廬收藏”、“趙氏鑒藏”、“九如堂錢氏圖書”、“黄岡劉氏紹炎過眼”等印。湖北省圖書館藏。

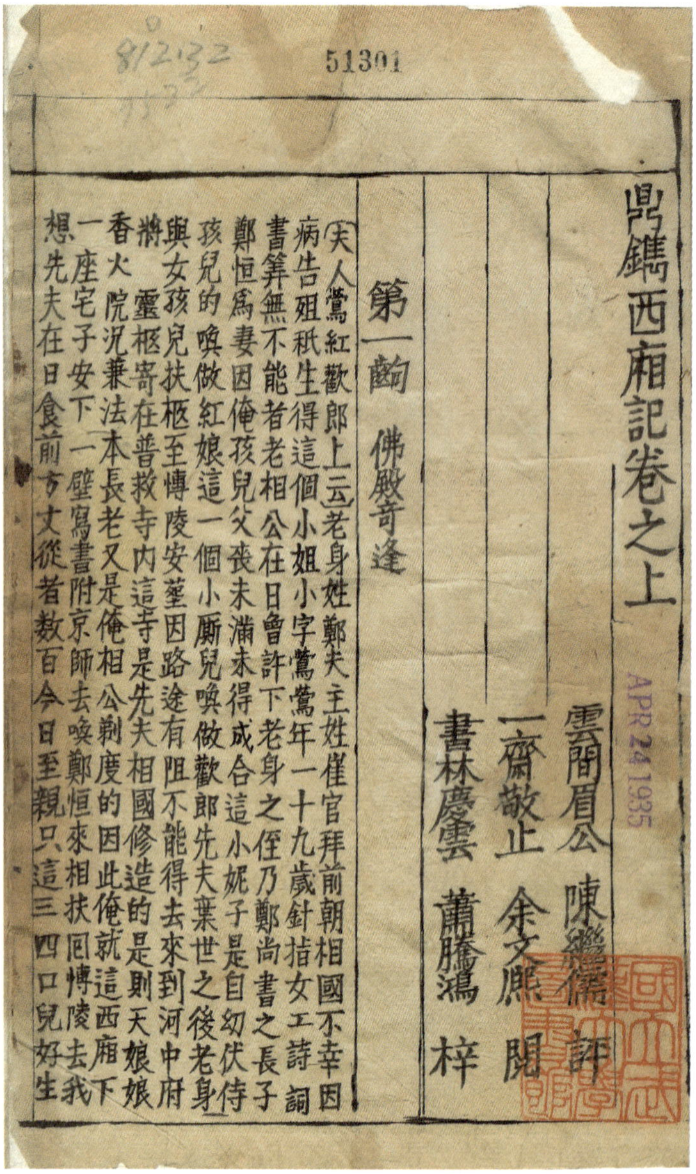

51301

鼎鐫西廂記卷之上

雲間眉公 陳繼儒 評
一齋敬止 余文熙 閲
書林慶雲 蕭騰鴻 梓

第一齣 佛殿奇逢

夫人鶯紅歡郎上云老身姓鄭夫主姓崔官拜前朝相國不幸因病告殂秖生得這個小姐小字鶯鶯年一十九歲針指女工詩詞書筭無不能者老相公在日曾許下老身之侄乃鄭尚書之長子鄭恒爲妻因俺孩兒父喪未滿未得成合這小妮子是自幼伏侍孩兒的喚做紅娘這一個小厮兒喚做歡郎先夫棄世之後老身與女孩兒扶柩至博陵安葬因路途有阻不能得去來到河中府將靈柩寄在普救寺內這寺是先夫相國修造的是則天娘娘香火院況兼法本長老又是俺相公剃度的因此俺就這西廂下一座宅子安下一壁寫書附京師去喚鄭恒來相扶回博陵去我想先夫在日食前方丈從者數百今日至親只這三四口兒好生

09563 鼎鐫西廂記二卷 （元）王德信 關漢卿撰 （明）陳繼儒評 明萬曆書林蕭騰鴻刻本

框高22.5厘米，寬14.5厘米。半葉十六行，行二十六字，小字雙行同，兩節版，白口，四周單邊，無魚尾。書内附圖，有鈔配。金鑲玉。武漢大學圖書館藏。

湖北省國家珍貴古籍名録圖録

附録一

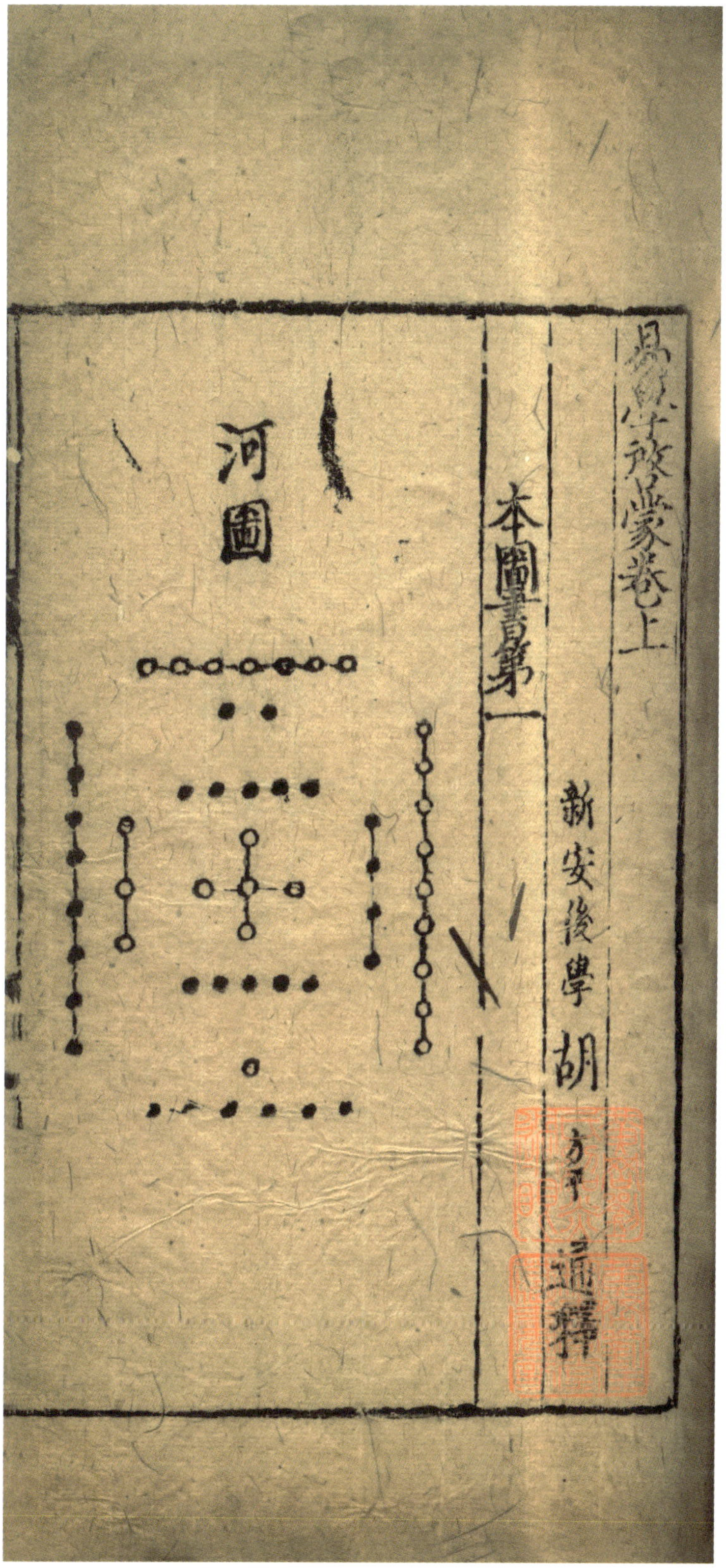

00062 易學啟蒙通釋二卷 （宋）胡方平撰　明初仿元刻本

框高20厘米，寬12.5厘米。半葉十行，行二十字，小字雙行十八、十九字不等，黑口，四周單邊，三黑魚尾。鈐“黄岡劉氏紹炎過眼”、“黄岡劉氏校書堂藏書記”印。武漢大學圖書館藏。

韓詩外傳卷第一

漢燕人韓嬰著

曾子仕於莒得粟三秉方是之時曾子重其祿而輕
其身親沒之後齊迎以相楚迎以令尹晉迎以上
卿方是之時曾子重其身而輕其祿懷其寶而迷
其國者不可與語仁窘其身而約其親者不可與
語孝仕重道遠者不擇地而息家貧親老者不擇
官而仕故君子矯褐趨時當務勃急傳云不逢時

前明廥官韓晉之先生延錫與友人論文云文有虛神
然當逆竄逸處入不當逆虛處入凡凌虛仙子俱於宴
地俯行詩之可悟為文之泌
見廥官林昌彝惠常覩桂豬錄卷十六子部類第三十二條
九月廿一日蔣鳳藻摘錄全則

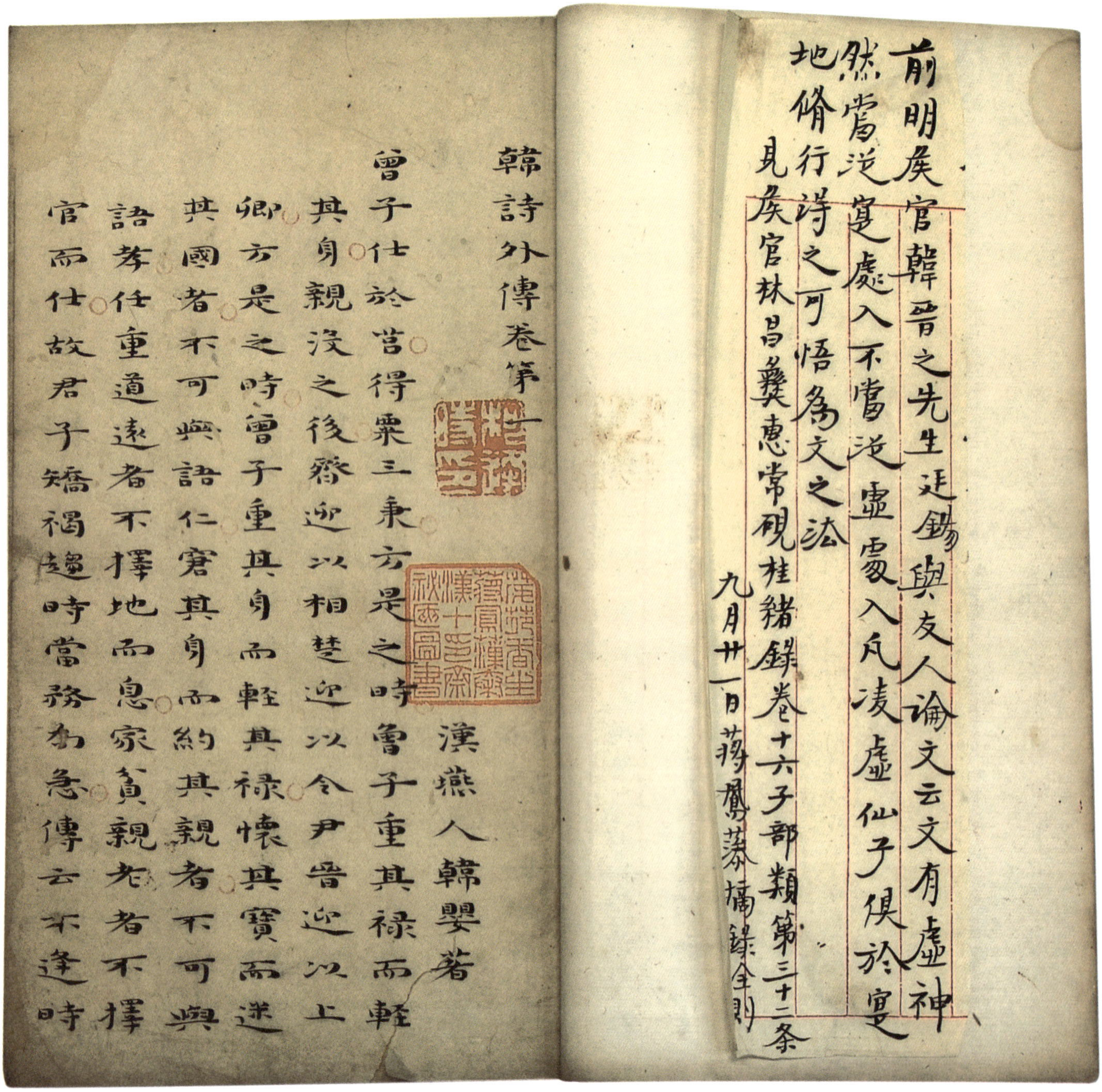

00204 韓詩外傳節鈔二卷 （明）韓錫節錄 **歌譜一卷** （明）薛瑄撰 **薛子一卷** 明天啟
五年（1625）韓錫鈔本
半葉八行，行二十字。無欄格。蔣鳳藻跋。各卷末書"天啟乙丑仲秋十又一日三山後學韓錫晉之手寫
於復居"。鈐"韓錫私印"、"晉之"、"柯逢時印"、"茂苑香生蔣鳳藻秦漢十印齋祕藏圖書"等
印。湖北省博物館藏。

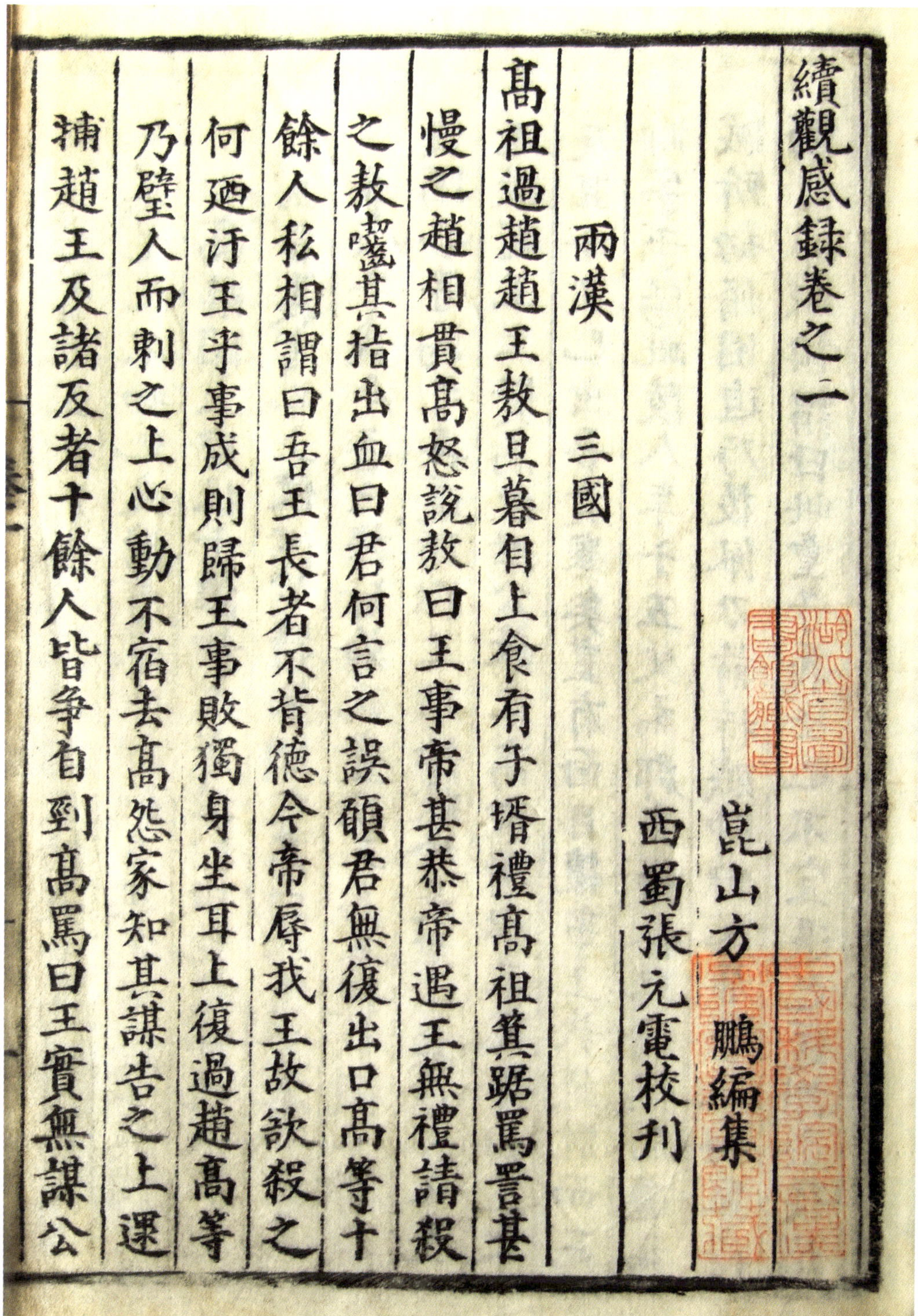

續觀感録卷之二

崑山方　鵬編集

西蜀張元電校刊

兩漢　三國

高祖過趙趙王敖旦暮自上食有子壻禮高祖箕踞罵詈甚慢之趙相貫高怒說敖曰王事帝甚恭帝遇王無禮請殺之敖齧其指出血曰君何言之誤願君無復出口高等十餘人私相謂曰吾王長者不背德令帝辱我王故欲殺之何迺汙王乎事成則歸王事敗獨身坐耳上復過趙高等乃壁人而刺之上心動不宿去高怨家知其謀告之上逮捕趙王及諸反者十餘人皆爭自剄高罵曰王實無謀公

00398 續觀感録十二卷 （明）方鵬編輯　明張元電刻本

框高20.8厘米，寬15.4厘米。半葉十一行，行二十三字，白口，左右雙邊，無魚尾。湖北省圖書館藏。

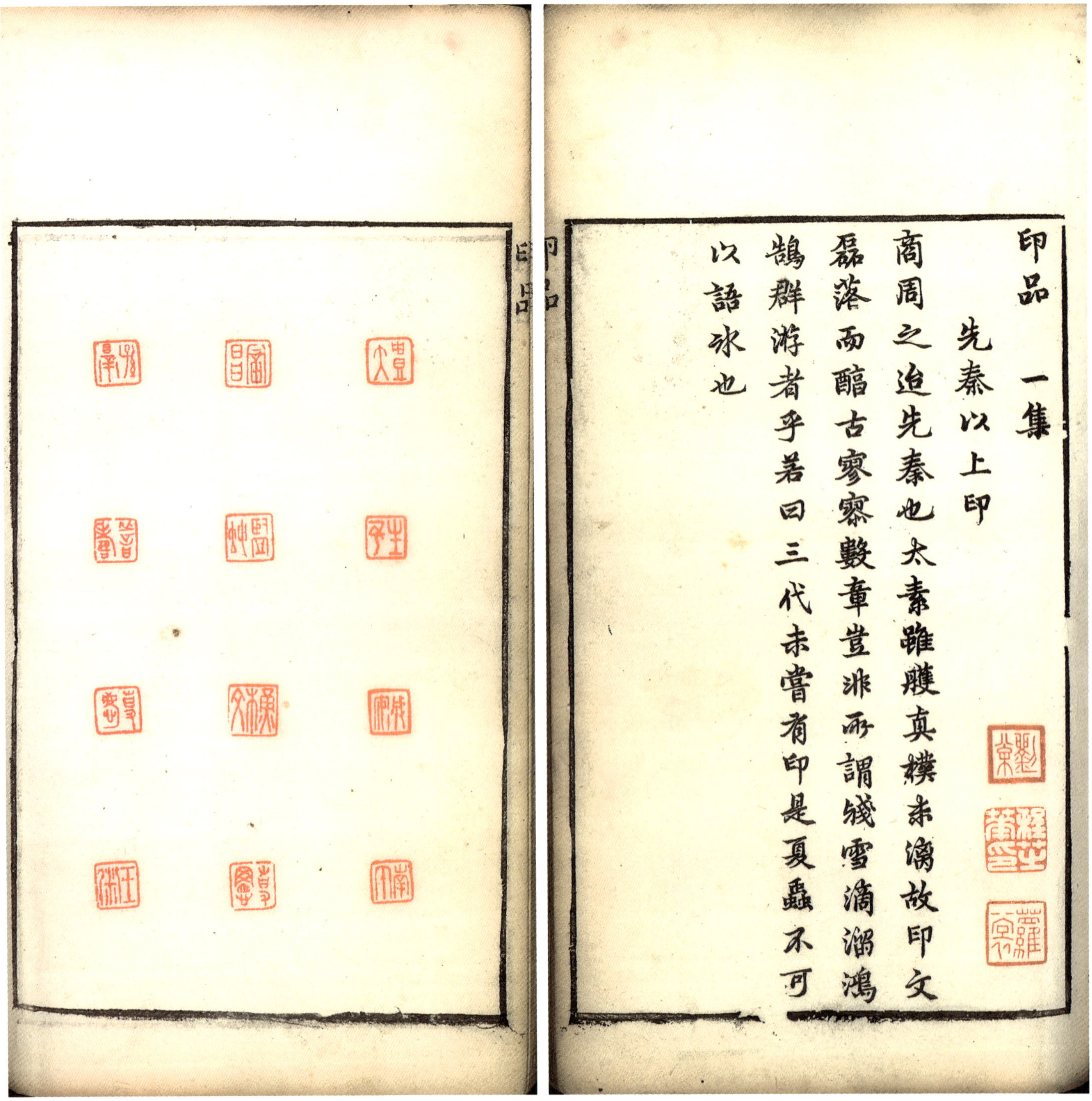
印品 一集
先秦以上印
商周之迨先秦也太素雖雕真樸未漓故印文
磊落而酷古寥察數章豈非所謂綫雪滴溜鴻
鵠群游者乎若曰三代未嘗有印是夏蟲不可
以語冰也

00497 印品七集首一集附一集 （明）朱簡輯　明萬曆十九年（1611）

休寧朱簡自刻鈐印本

框高20.5厘米，寬13.3厘米。半葉八行，行十八字，四周單邊，無魚尾。鈐“周優揚印”、“龍衷堂”、“浣月齋程氏藏書印”、“漢陽劉氏文房”等印。武漢圖書館藏。

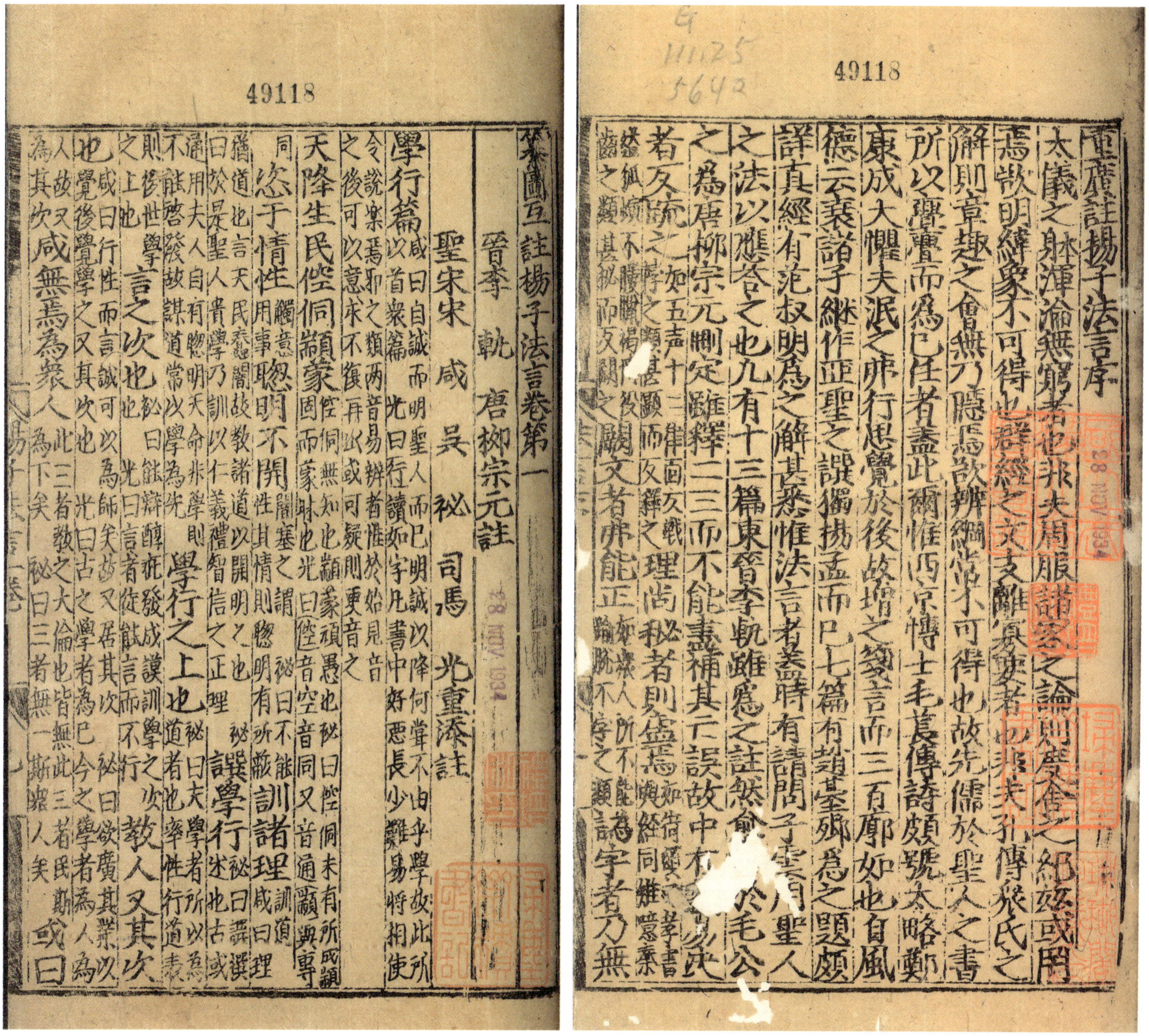

00524 纂圖互註揚子法言十卷 （漢）揚雄撰　（晉）李軌　（唐）柳宗元　（宋）宋咸　吴祕　司馬光注　明刻本

框高20.3厘米，寬13.5厘米。半葉十二行，行二十六字，小字雙行同，黑口，四周雙邊，順黑魚尾。第十卷末頁鈔配。鈐“禮培私印”、“掃塵齋積書記”、“復壁藏書”、“珊瑚閣珍藏印”等印。金鑲玉。武漢大學圖書館藏。

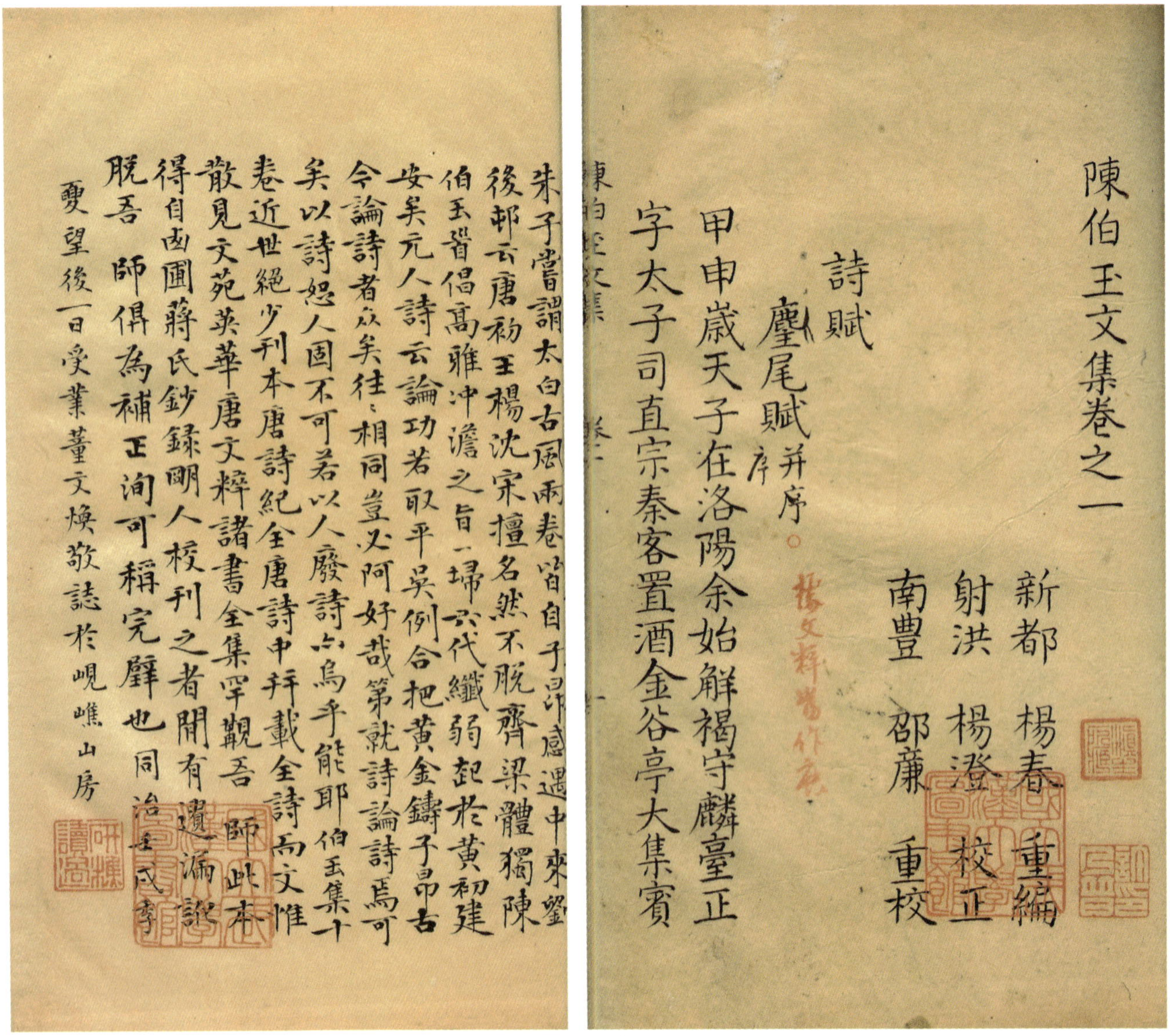

陳伯玉文集卷之一

新都　楊春　重編

射洪　楊澄　校正

南豊　邵廉　重校

詩賦

塵尾賦并序

甲申歲天子在洛陽余始解褐守麟臺正

字太子司直宗泰客置酒金谷亭大集賓

（楊文粹舊作底）

朱子嘗謂太白古風兩卷皆自子昂感遇中來鑒

後郭云唐初王楊沈宋擅名然不脫齊梁體獨陳

伯玉晉倡高雅沖澹之旨一掃六代纖弱起於黃初建

安吳元人詩云論功若取平吳例合把黃金鑄子昂古

今論詩者成矣往相同豈又阿好哉第就詩論詩焉可

矣以詩恕人固不可若以人廢詩亦烏乎能耶伯玉集十

卷近世絕少刊本唐詩紀全唐詩中并載全詩而文惟

散見文苑英華唐文粹諸書罕觀吾

得自函園蔣氏鈔錄明人校刊之者開有遺漏謬

脫吾師俱為補正洵可稱完璧也同治　　師此本

覆望後一日受業董文煥敬誌於峴嶕山房

00705 陳伯玉文集十卷附錄一卷 （唐）陳子昂撰 （明）楊春輯 （清）

許乃普校 （清）蔣西圃鈔　清咸豐三年（1853）許乃普校西圃蔣氏鈔本

半葉八行，行十七字。許乃普朱墨批校。鈐"臣許乃普"、"許乃普印"、

"墨緣珍藏"、"西圃蔣氏手校鈔本"、"滇生所藏"、"研樵讀過"等印。

金鑲玉。武漢大學圖書館藏。

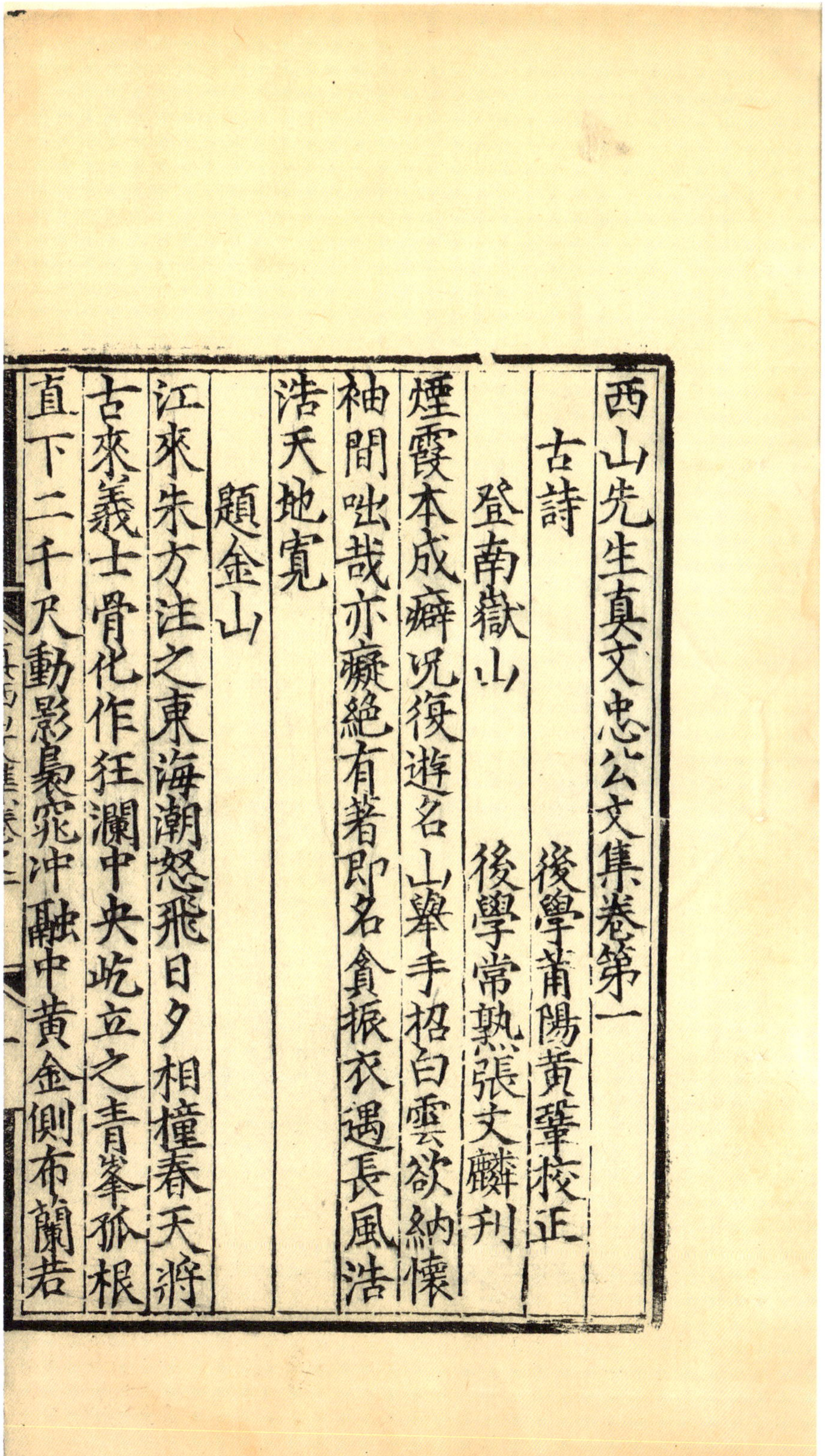
西山先生真文忠公文集卷第一
後學莆陽黃鞏校正
古詩
後學常熟張文麟刊
登南嶽山
煙霞本成癖況復遊名山舉手招白雲欲納懷
袖間咄哉亦癡絕有著即名貪振衣遇長風浩
浩天地寬
題金山
江來朱方注之東海潮怒飛日夕相撞舂天撐
古來義士骨化作狂瀾中央屹立之青峯孤根
直下二千尺動影㿥窕沖融中黃金側布蘭若

00798 西山先生真文忠公文集五十五卷目録二卷 （宋）真德秀撰（明）黃鞏校正　明正德十五年（1520）張文麟、黃鞏刻本

框高18.1厘米，寬12.7厘米。半葉十行，行十八字，黑口，四周雙邊，順黑魚尾。湖北省圖書館藏。

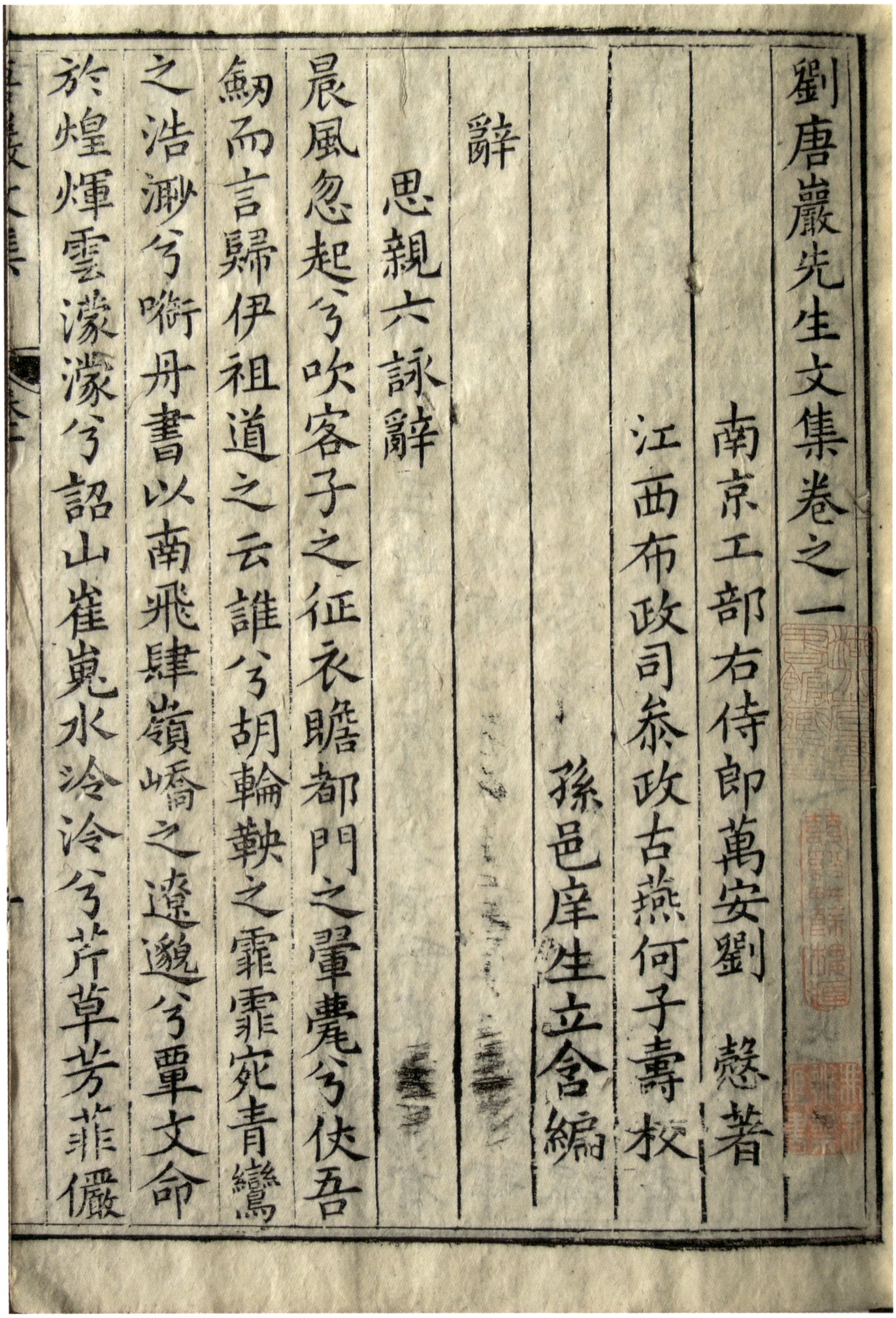
劉唐巖先生文集卷之一
南京工部右侍郎萬安劉　懋著
江西布政司叅政古燕何子壽校
孫邑庠生立含編

辭

思親六詠辭
晨風忽起兮吹客子之征衣瞻都門之翬甍兮佚吾
翺而言歸伊祖道之云誰兮胡輪鞅之霏霏宛青鸞
之浩渺兮啣舟書以南飛肆嶺嶠之遼邈兮覃文命
於煌煇雲濛濛兮詔山崔嵬水泠泠兮芹草芳菲儼

00942 劉唐巖先生文集八卷　（明）劉懋著　（明）劉立含編　（明）何子壽校　明萬曆三年（1575）刻本

框高21.1厘米，寬15.4厘米。半葉十行，行二十字，白口，四周雙邊，單黑魚尾。鈐“得一居珍藏印”、“馮氏辨齋藏書”等印。湖北省圖書館藏。

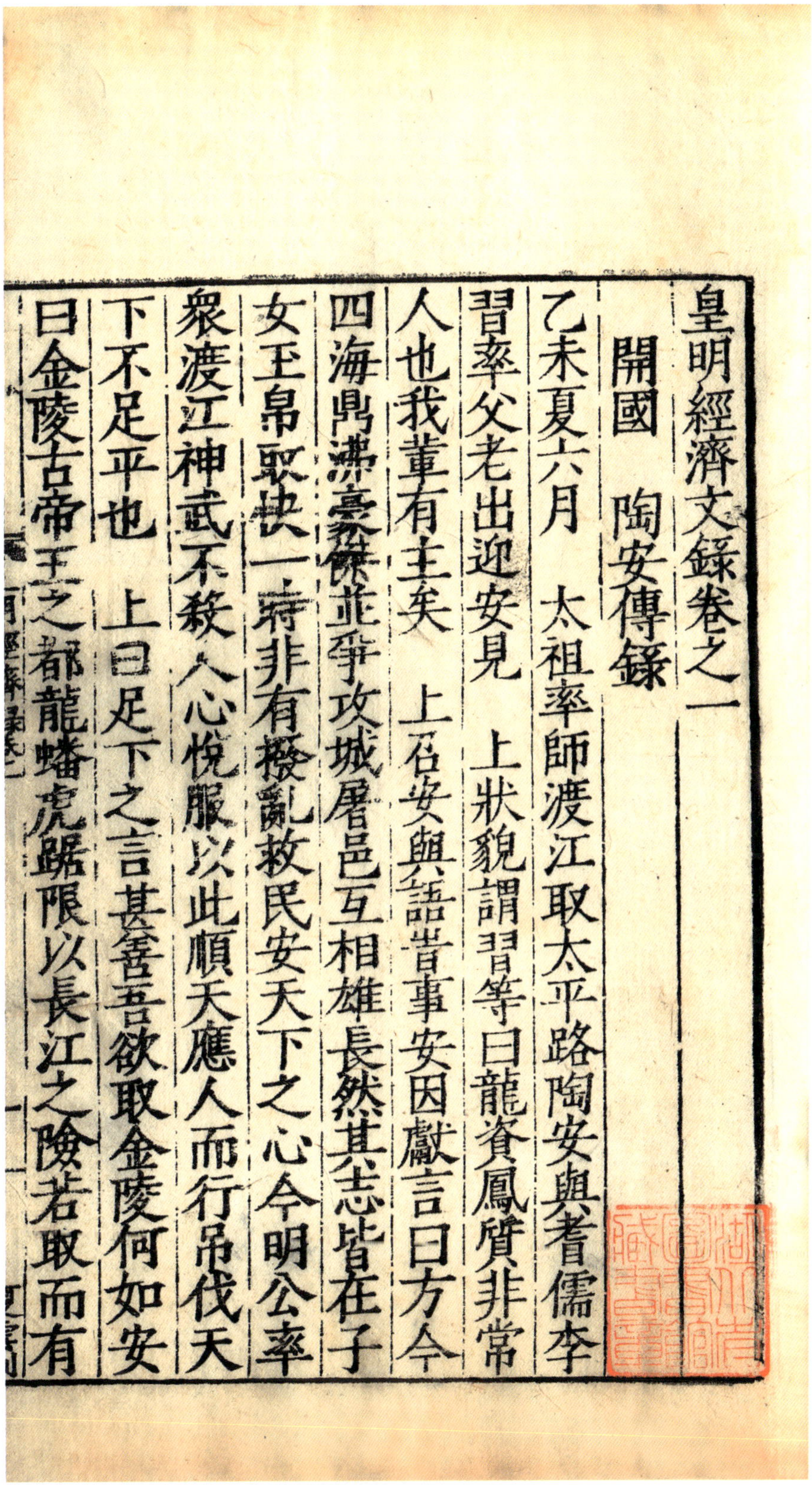
皇明經濟文錄卷之一
開國　陶安傳錄
乙未夏六月　太祖率師渡江取太平路陶安與耆儒李
習率父老出迎安見　上狀貌謂習等曰龍姿鳳質非常
人也我輩有主矣　上召安與語昔事安因獻言曰方今
四海鼎沸豪傑並爭攻城屠邑互相雄長然其志皆在子
女玉帛取快一時非有撥亂救民安天下之心今明公率
衆渡江神武不殺人心悅服以此順天應人而行弔伐天
下不足平也　上曰足下之言甚善吾欲取金陵何如安
曰金陵古帝王之都龍蟠虎踞限以長江之險若取而有

01080 皇明經濟文録四十一卷　（明）萬表編　明嘉靖三十三年（1554）曲入繩、游居敬刻本

框高19厘米，寬13.2厘米。半葉十行，行二十二字，白口，四周單邊，單黑魚尾。入《清代禁燬書目》。鈐“安樂堂藏書記”“明善堂覽書畫印記”等印。湖北省圖書館藏。

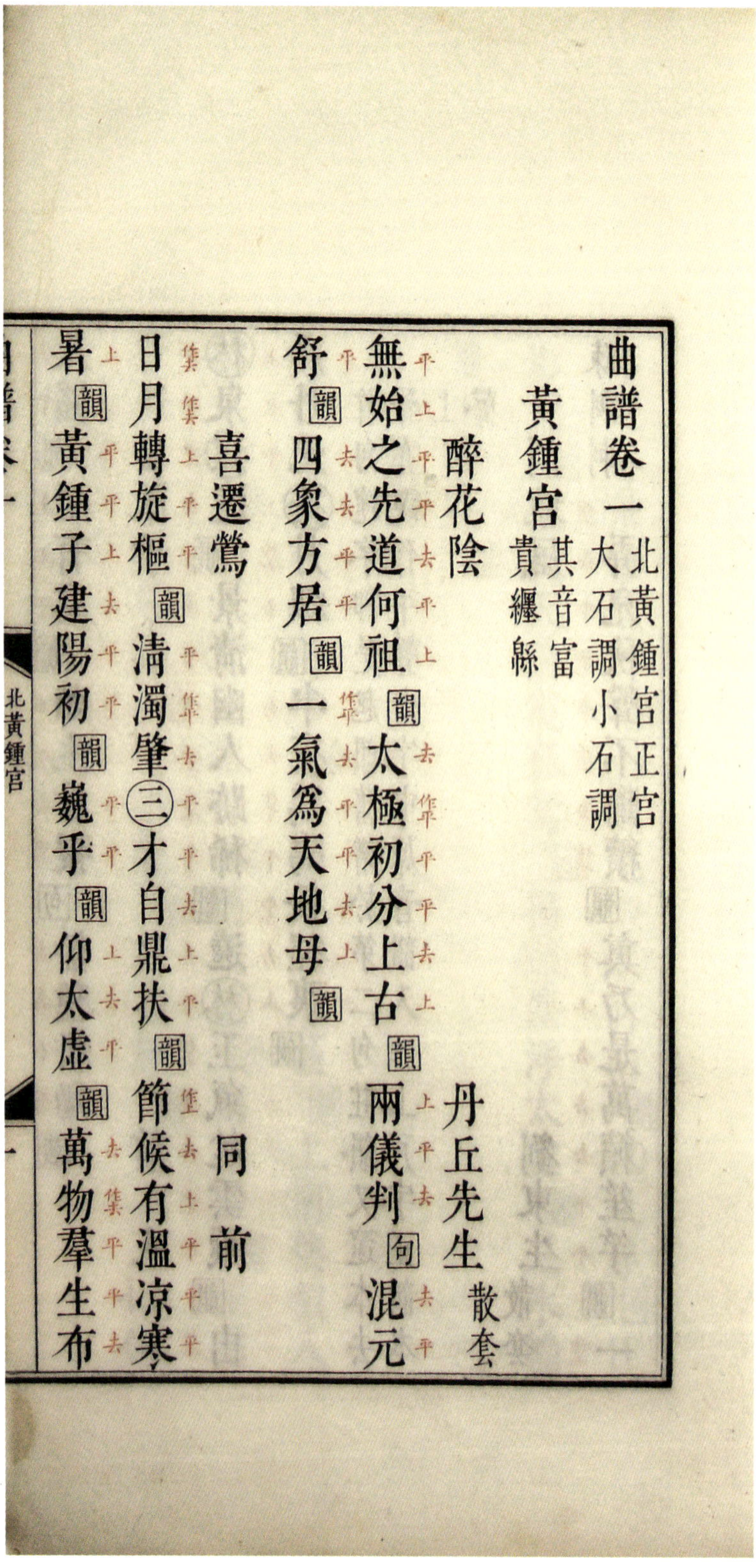
曲譜卷一 北黃鍾宮正宮 大石調小石調
黃鍾宮 其音富貴纏緜
醉花陰 丹丘先生 散套
無始之先道何祖韻太極初分上古韻兩儀判句混元
舒韻四象方居韻一氣爲天地母韻
喜遷鶯 同前
日月轉旋樞韻清濁肇三才自鼎扶韻節候有溫涼寒
暑韻黃鍾子建陽初韻巍乎韻仰太虛韻萬物羣生布

曲譜卷一 北黃鍾宮 一

01131 曲譜十二卷首一卷末一卷 （清）王奕清等編 清康熙内府刻朱墨套印本

框高21.1厘米，寬12.5厘米。半葉八行，行二十一字，小字雙行同，四周雙邊，對黑魚尾。襄陽市少年兒童圖書館藏。

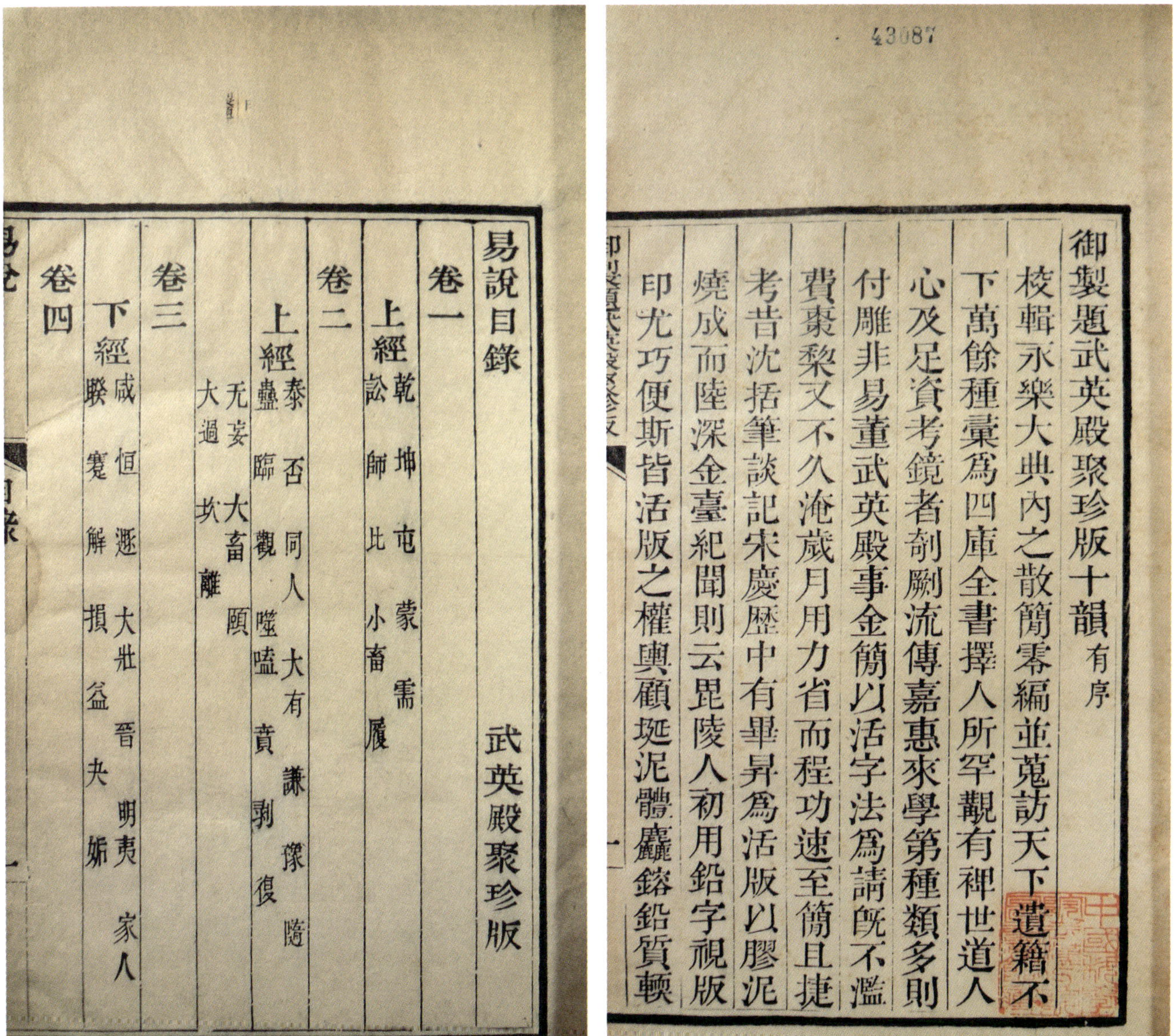
易說目錄
武英殿聚珍版
卷一
上經乾坤屯蒙需
訟師比小畜履
卷二
上經泰否同人大有謙豫隨
蠱臨觀噬嗑賁剝復
无妄大畜頤
大過坎離
卷三
下經咸恆遯大壯晉明夷家人
睽蹇解損益夬姤
卷四
43087
御製題武英殿聚珍版十韻有序
校輯永樂大典內之散簡零編並蒐訪天下遺籍不
下萬餘種彙為四庫全書擇人所罕觀有裨世道人
心及足資考鏡者剞劂流傳嘉惠來學第種類多則
付雕非易董武英殿事金簡以活字法為請既不濫
費棗梨又不久淹歲月用力省而程功速至簡且捷
考昔沈括筆談記宋慶歷中有畢昇為活版以膠泥
燒成而陸深金臺紀聞則云毘陵人初用鉛字視版
印尤巧便斯皆活版之權輿顧埏泥體麤鎔鉛質輭

00691 武英殿聚珍版書一百三十八種二千四百十六卷 清乾隆武英殿木活字印本

框高19.2厘米，寬12.6厘米。半葉九行，行二十一字，白口，四周雙邊，單黑魚尾。春秋經解、東觀漢記、五代史纂誤、琉球國志略、蘇沈良方、小兒藥證真訣、周髀算經、御製詩文十全集、詩倫等九種補配福建翻刻本。湖北省圖書館藏。

湖北省國家珍貴古籍名録圖録

附録二

湖北省入選全國古籍重點保護單位

第一批全國古籍重點保護單位

湖北省圖書館

武漢圖書館

第二批全國古籍重點保護單位

武漢大學圖書館

湖北大學圖書館

第三批全國古籍重點保護單位

華中師範大學圖書館

湖北省博物館

浠水縣博物館

第四批全國古籍重點保護單位推薦名單

襄陽市圖書館

湖北省入選國家珍貴古籍名録

第一批國家珍貴古籍名録

00001 窮達以時　戰國　竹簡　湖北荆門郭店1號戰國楚墓　湖北省荆門市博物館

00002 緇衣　戰國　竹簡　湖北荆門郭店1號戰國楚墓　湖北省荆門市博物館

00003 魯穆公問子思　戰國　竹簡　湖北荆門郭店1號戰國楚墓　湖北省荆門市博物館

00004 五行　戰國　竹簡　湖北荆門郭店1號戰國楚墓　湖北省荆門市博物館

00005 成之聞之　戰國　竹簡　湖北荆門郭店1號戰國楚墓　湖北省荆門市博物館

00006 語叢一、二、三、四　戰國　竹簡　湖北荆門郭店1號戰國楚墓　湖北省荆門市博物館

00007 六德　戰國　竹簡　湖北荆門郭店1號戰國楚墓　湖北省荆門市博物館

00008 性自命出　戰國　竹簡　湖北荆門郭店1號戰國楚墓　湖北省荆門市博物館

00009 尊德義　戰國　竹簡　湖北荆門郭店1號戰國楚墓　湖北省荆門市博物館

00010 唐虞之道　戰國　竹簡　湖北荆門郭店1號戰國楚墓　湖北省荆門市博物館

00011 忠信之道　戰國　竹簡　湖北荆門郭店1號戰國楚墓　湖北省荆門市博物館

00012 太一生水　戰國　竹簡　湖北荆門郭店1號戰國楚墓　湖北省荆門市博物館

00013 老子（甲、乙、丙）　戰國　竹簡　湖北荆門郭店1號戰國楚墓　湖北省荆門市博物館

00034 爲吏之道　秦　竹簡　湖北雲夢睡虎地11號秦墓　湖北省博物館

00035 封診式　秦　竹簡　湖北雲夢睡虎地11號秦墓　湖北省博物館

00036 法律答問　秦　竹簡　湖北雲夢睡虎地11號秦墓　湖北省博物館

00037 效律　秦　竹簡　湖北雲夢睡虎地11號秦墓　湖北省博物館

00038 秦律雜鈔　秦　竹簡　湖北雲夢睡虎地11號秦墓　湖北省博物館

00039 秦律十八種　秦　竹簡　湖北雲夢睡虎地11號秦墓　湖北省博物館

00040 日書甲乙種　秦　竹簡　湖北雲夢睡虎地11號秦墓　湖北省博物館

00041 秦始皇三十四年曆譜　秦　竹簡　湖北沙市周家臺30號秦墓　湖北省荆州市

博物館

00042 日書　秦　竹簡　湖北江陵王家臺15號秦墓　湖北省荆州市博物館

00043 歸藏　秦　竹簡　湖北江陵王家臺15號秦墓　湖北省荆州市博物館

00044 二年律令　西漢　竹簡　湖北江陵張家山247號漢墓　湖北省荆州市博物館

00045 奏讞書　西漢　竹簡　湖北江陵張家山247號漢墓　湖北省荆州市博物館

00046 莊子·盗跖　西漢　竹簡　湖北江陵張家山136號漢墓　湖北省荆州市博物館

00047 蓋盧　西漢　竹簡　湖北江陵張家山247號漢墓　湖北省荆州市博物館

00048 算數書　西漢　竹簡　湖北江陵張家山247號漢墓　湖北省荆州市博物館

00049 曆譜　西漢　竹簡　湖北江陵張家山247號漢墓　湖北省荆州市博物館

00050 脈書　西漢　竹簡　湖北江陵張家山247號漢墓　湖北省荆州市博物館

00051 引書　西漢　竹簡　湖北江陵張家山247號漢墓　湖北省荆州市博物館

00244 詩集傳通釋二十卷綱領一卷外綱領一卷　（元）劉瑾撰　元至正十二年（1352）建安劉氏日新書堂刻本　湖北省圖書館

00257 禮經會元四卷　（宋）葉時撰　元至正二十六年（1366）潘元明刻明修本　湖北省圖書館

00425 北齊書五十卷　（唐）李百藥撰　宋刻宋元明遞修本　武漢大學圖書館

00429 周書五十卷　（唐）令狐德棻撰　宋刻宋元明遞修本　武漢大學圖書館

00681 新編西方子明堂灸經八卷　元明間刻本　武漢大學圖書館

00803 新編古今事文類聚前集六十卷後集五十卷續集二十八卷別集三十二卷　（宋）祝穆輯　新集三十六卷外集十五卷　（元）富大用輯　元泰定三年（1326）廬陵武溪書院刻明修本　湖北省圖書館

01321 詩經四卷　（明）鍾惺批點　（明）沈春澤校閲　明泰昌元年（1620）刻本　湖北省圖書館

01545 漢雋十卷　（宋）林鉞撰　明嘉靖四十年（1561）何鏜刻本　華中師範大學圖書館

01753 新刊性理大全七十卷　（明）胡廣等撰　明嘉靖三十一年（1552）葉氏廣勤堂刻本　湖北省圖書館

01845 方元長印譜五卷　（明）方逢吉篆刻　（明）朱統鑶輯　明萬曆四十八年

（1620）鈐印本　湖北省圖書館

02092 高太史大全集十八卷　（明）高啟撰　（明）徐庸編　明嘉靖刻藍印本　湖北省圖書館

第二批國家珍貴古籍名録

02653 南史八十卷　（唐）李延壽撰　元大德十年（1306）刻明嘉靖遞修本　武漢大學圖書館

02659 北史一百卷　（唐）李延壽撰　元大德信州路儒學刻明嘉靖遞修本　武漢大學圖書館

02707 晉書一百三十卷　（唐）房玄齡等撰　音義三卷　（唐）何超撰　元刻明正德十年（1515）司禮監嘉靖萬曆南京國子監遞修本　武漢大學圖書館

02714 宋書一百卷　（南朝梁）沈約撰　宋刻宋元明遞修本（有鈔補）　武漢大學圖書館　存九十六卷（卷一至卷六十三、卷六十八至卷一百）

02720 南齊書五十九卷　（南朝梁）蕭子顯撰　宋刻元明遞修本　武漢大學圖書館

02732 梁書五十六卷　（唐）姚思廉撰　宋刻元明遞修本（有鈔配）　武漢大學圖書館　存三十八卷（卷一至卷九、卷二十八至卷五十六）

02742 魏書一百十四卷　（北齊）魏收撰　宋刻宋元明遞修本　華中師範大學圖書館

02745 魏書一百十四卷　（北齊）魏收撰　宋刻宋元明遞修本　武漢大學圖書館　存一百六卷（卷一至卷二十七、卷三十二至卷一百十）

02765 唐書二百二十五卷　（宋）歐陽修　宋祁等撰　元大德九年（1305）建康路儒學刻明成化弘治嘉靖南京國子監遞修本　武漢大學圖書館

02819 通鑑紀事本末四十二卷　（宋）袁樞撰　宋寶祐五年（1257）趙與簒刻元明遞修本　武漢大學圖書館

02968 大般若波羅蜜多經六百卷　（唐）釋玄奘譯　元延祐二年（1315）建陽後山報恩萬壽堂刻毗盧大藏經本　湖北省圖書館　存一卷（卷十七）

03120 范文正公集二十卷別集四卷　（宋）范仲淹撰　遺文一卷　（宋）范純仁　范純粹撰　年譜一卷　（宋）樓鑰撰　年譜補遺一卷　元天曆元年褒賢世家家塾歲寒堂刻明修本　湖北省圖書館

03172 樂府詩集一百卷目録二卷 （宋）郭茂倩輯 元至正元年（1341）集慶路儒學刻本 襄陽市少年兒童圖書館 存二卷（卷四十一至卷四十二）

03221 周易經傳傳義二十四卷 （宋）程頤 朱熹撰 上下篇義一卷（宋）程頤撰 朱子圖說一卷五贊一卷筮儀一卷 （宋）朱熹撰 明嘉靖八年（1529）張禄、朱廷聲等刻五經本 武漢大學圖書館

03251 古書世學六卷 （明）豐坊撰 清稿本 湖北省圖書館

03307 禮記集說三十卷 （元）陳澔撰 明嘉靖間吉澄刻本 武漢大學圖書館

03367 春秋世學三十三卷 （明）豐坊撰 清稿本 湖北省圖書館

03411 經雅不分卷 （清）戴震撰 稿本 湖北省圖書館

03443 字學大全三十二卷 （明）王三聘撰 明嘉靖四十三年（1564）自刻本 湖北省圖書館

03481 史記一百三十卷 （漢）司馬遷撰 （南朝宋）裴駰集解 （唐）司馬貞索隱 （唐）張守節正義 明嘉靖四年（1525）汪諒刻本 襄陽市少年兒童圖書館

03537 漢書一百卷 （漢）班固撰 （唐）顔師古注 明崇禎十五年（1642）毛氏汲古閣刻本 何紹基批點 武漢大學圖書館

03563 宋史新編二百卷 （明）柯維騏編 明嘉靖刻本 湖北省博物館

03566 宋史新編二百卷 （明）柯維騏撰 明嘉靖刻本 湖北省圖書館

03582 元史二百十卷目録二卷 （明）宋濂等撰 明洪武三年（1370）內府刻明嘉靖九至十年（1530–1531）南京國子監遞修本 武漢大學圖書館

03674 資治通鑑綱目集說五十九卷前編二卷 （明）扶安輯 （明）晏宏校補 明嘉靖晏宏刻本 武漢大學圖書館

03711 資治通鑑節要續編三十卷 （明）張光啟撰 明正德九年（1514）司禮監刻本 荆州博物館

03713 增修附註資治通鑑節要續編三十卷 （明）張光啟訂正 （明）劉剡編輯 明景泰三年（1452）善敬書堂刻本 武漢大學圖書館

03724 宋元通鑑一百五十七卷 （明）薛應旂編 明嘉靖四十五年（1566）自刻本 湖北大學圖書館

03728 宋元通鑑一百五十七卷 （明）薛應旂撰 明嘉靖四十五年（1566）自刻本 湖北省圖書館

03730 宋元通鑑一百五十七卷 （明）薛應旂撰 明嘉靖四十五年（1566）自刻本 襄陽市少年兒童圖書館 存一百四十五卷（卷四至六、卷十一至卷六十八、卷七十四至卷一百五十七）

03781 大明穆宗莊皇帝實録七十卷 （明）張溶 張居正等纂修 明鈔本 武漢大學圖書館

03795 國語二十一卷 （三國吴）韋昭注 補音三卷 （宋）宋庠撰 明刻本 湖北省圖書館

03814 鮑氏國策十卷 （宋）鮑彪校注 明嘉靖七年（1528）龔雷影宋刻本 劉曙批點 武漢大學圖書館

03815 鮑氏國策十卷 （宋）鮑彪校注 明嘉靖七年（1528）龔雷影宋刻本 襄陽市少年兒童圖書館 存九卷（卷一至卷六、卷八至卷十）

03964 宋丞相崔清獻公全録十卷 （宋）崔與之撰 （明）崔子璲輯（明）崔曉增輯 明嘉靖十三年（1534）唐胄、邵煉刻本 湖北省圖書館

03996 師伏堂日記不分卷 （清）皮錫瑞撰 稿本 湖北省圖書館 存清光緒十八至三十四年（1892-1908）

04049 史記鈔九十一卷 （明）茅坤輯 明泰昌元年（1620）閔振業刻朱墨套印本 湖北省圖書館

04050 史記鈔九十一卷 （明）茅坤輯 明泰昌元年（1620）閔振業刻朱墨套印本 湖北省博物館

04069 兩漢博文十二卷 （宋）楊侃輯 明嘉靖三十七年（1558）黄魯曾刻本 湖北省圖書館

04078 漢雋十卷 （宋）林鉞輯 明嘉靖四十年（1561）何鏜刻本 襄陽市少年兒童圖書館

04084 荆川先生批點精選漢書六卷 （明）唐順之輯 明萬曆刻本 張廷濟 錢坫批校 湖北省圖書館

04085 二史會編十六卷 （明）沉叔祺輯 明嘉靖四十年（1561）刻本 湖北省安

陸市圖書館　存十五卷（卷一至卷三、卷五至卷十六）

04118 大明一統志九十卷　（明）李賢　萬安等纂修　明嘉靖三十八年（1559）書林楊氏歸仁齋刻本　武漢大學圖書館

04172 [咸豐]應城縣志十二卷首一卷末一卷　（清）奚大壯　姚觀纂修　（清）呂廷栩　熊汝弼續修　稿本　武漢大學圖書館

04173 [順治]江陵志餘十卷　（清）孔自來撰　清木活字印本　湖北省圖書館

04180 中吴紀聞摘要録三卷　（明）秦復齋撰　明隆慶三年（1569）秦士元刻本　湖北大學圖書館

04185 籌海圖編十三卷　（明）鄭若曾撰　明嘉靖四十一年（1562）胡宗憲刻本　武漢大學圖書館

04199 水經注四十卷　（北魏）酈道元撰　明嘉靖十三年（1534）黄省曾刻本　襄陽市少年兒童圖書館

04238 杜氏通典二百卷　（唐）杜佑撰　明嘉靖十八年（1539）王德溢、吴鵬刻本　武漢大學圖書館

04260 文獻通考三百四十八卷　（元）馬端臨撰　明嘉靖三年（1524）司禮監刻本　武漢大學圖書館

04351 學古堂墨蹟考不分卷　（清）林侗撰　稿本　湖北省圖書館

04375 史通訓故補二十卷　（清）黄叔琳撰　清乾隆十二年（1747）黄氏養素堂刻本　紀昀批校並跋　湖北省圖書館

04381 政監三十二卷　（明）夏寅撰　明成化刻本　湖北省圖書館

04384 唐宋名賢歷代確論一百卷　明弘治十七年（1504）錢孟濬刻本　武漢大學圖書館

04394 六子書六十二卷　（明）許宗魯編　明嘉靖六年（1527）樊川別業刻本　湖北省圖書館

04403 孔子家語十卷　題（魏）王肅注　明隆慶六年（1572）徐祚錫刻本　襄陽市少年兒童圖書館

04510 神技編不分卷　（明）金宗舜撰　明鈔本　湖北省圖書館

04512 兵經百篇三卷　（清）揭暄著　清乾隆鈔本　湖北省圖書館

04530 補註釋文黄帝内經素問十二卷 （唐）王冰注 （宋）林億等校正 （宋）孫兆改誤 遺篇一卷 明趙府居敬堂刻本 華中科技大學圖書館醫學分館

04555 重修政和經史證類備用本草三十卷 （宋）唐慎微撰 （宋）寇宗奭衍義 明嘉靖二年（1523）陳鳳梧刻本（有補配） 華中科技大學圖書館醫學分館

04587 丹溪心法附餘二十四卷首一卷 （明）方廣輯 明隆慶六年（1572）施篤臣刻本 襄陽市少年兒童圖書館

04588 壽域神方□卷 （明）朱權撰 明初刻本 湖北省圖書館 存二卷（卷三至卷四）

04651 天元直指不分卷 明彩繪鈔本 歐陽蟾園跋 湖北省圖書館

04693 印史五卷 （明）何通撰 明天啟刻鈐印本 湖北省圖書館

04765 緯略十二卷 （宋）高似孫撰 清白鹿山房活字印本 湖北省圖書館

04813 百家類纂四十卷 （明）沈津輯 明隆慶元年（1567）含山縣儒學刻本 武漢大學圖書館

04859 初學記三十卷 （唐）徐堅等輯 明嘉靖十三年（1534）晉府虚益堂刻本 武漢大學圖書館

04864 初學記三十卷 （唐）徐堅等輯 明嘉靖十三年（1534）晉府虚益堂刻本 湖北省圖書館

04867 唐宋白孔六帖一百卷目録二卷 （唐）白居易 （宋）孔傳輯 明刻本 武漢大學圖書館

04892 錦繡萬花谷前集四十卷後集四十卷續集四十卷別集三十卷 明嘉靖十五年（1536）秦汴繡石書堂刻本 武漢大學圖書館

04908 古今合璧事類備要前集六十九卷後集八十一卷續集五十六卷 （宋）謝維新輯 別集九十四卷外集六十六卷 （宋）虞載輯 明嘉靖三十一至三十五年（1552-1556）夏相刻本 武漢大學圖書館

04918 新箋决科古今源流至論前集十卷後集十卷續集十卷 （宋）林駉撰 別集十卷 （宋）黄履翁撰 明嘉靖十六年（1537）白坪刻本 武漢圖書館

05054 楚辭十七卷 （宋）洪興祖 （明）劉鳳等注 （明）陳深批點 附録一卷 明萬曆二十八年（1600）淩毓枏刻朱墨套印本 湖北省圖書館

05171 分類補註李太白詩二十五卷 （唐）李白撰 （宋）楊齊賢集註 （元）蕭士贇補註 年譜一卷 （宋）薛仲邕撰 明嘉靖二十五年（1546）玉几山人刻本 武漢大學圖書館

05204 李詩選五卷 （唐）李白撰 （明）張含輯 （明）楊慎批點 明刻朱墨套印本 湖北省圖書館

05234 集千家註杜工部詩集二十卷文集二卷 （唐）杜甫撰 （宋）黄鶴補註 附録一卷 明嘉靖十五年（1536）玉几山人刻本 襄陽市少年兒童圖書館

05251 杜子美七言律一卷 （唐）杜甫撰 （明）郭正域批點 明閔齊伋刻三色套印本 湖北省圖書館

05254 杜子美七言律一卷 （唐）杜甫撰 （明）郭正域批點 明閔齊伋刻三色套印本 襄陽市少年兒童圖書館

05264 杜工部詩通十六卷 （明）張綖撰 明隆慶六年（1572）張守中刻本 武漢大學圖書館

05277 唐陸宣公集二十四卷 （唐）陸贄撰 明嘉靖二十七年（1548）沈伯咸西清書舍刻本 孔廣陶校補並跋 武漢大學圖書館

05283 李長吉歌詩四卷外詩集一卷 （唐）李賀撰 （宋）劉辰翁評 明淩濛初刻朱墨套印本 湖北省圖書館

05355 韓文公文抄十六卷 （唐）韓愈撰 （明）茅坤評 明刻朱墨套印本 湖北省圖書館

05373 柳文四十三卷别集二卷外集二卷 （唐）柳宗元撰 附録一卷 明嘉靖三十五年（1556）莫如士刻韓柳文本 湖北省圖書館

05403 柳文七卷 （唐）柳宗元撰 （明）茅坤評 明刻朱墨套印本 湖北省圖書館

05408 柳集點勘四卷 （清）陳景雲撰 稿本 湖北省圖書館

05443 孫可之文集十卷 （唐）孫樵撰 明正德十二年（1517）王鏊、王諤刻本 湖北省圖書館

05448 浣花集十卷 （唐）韋莊撰 明末毛氏緑君亭刻本 補遺一卷（明）毛晉輯 明末毛氏汲古閣刻本 武漢大學圖書館

05491 南豐曾先生文粹十卷 （宋）曾鞏撰 明嘉靖二十八年（1549）安如石刻本 武漢大學圖書館

05518 歐陽文忠公全集一百三十五卷 （宋）歐陽修撰 明嘉靖三十四年（1555）陳珊刻本 武漢大學圖書館

05546 蘇老泉文集十三卷 （宋）蘇洵撰 （明）茅坤 焦竑等評 明淩濛初刻朱墨套印本 湖北省圖書館

05556 臨川先生文集一百卷目録二卷 （宋）王安石撰 明嘉靖三十九年（1560）何遷刻本 湖北省圖書館

05592 蘇文六卷 （宋）蘇軾撰 （明）茅坤等評 明閔爾容刻三色套印本 湖北省圖書館

05605 東坡文選二十卷 （宋）蘇軾撰 （明）鍾惺輯並評 明閔氏刻朱墨套印本 武漢大學圖書館

05615 蘇長公小品四卷 （宋）蘇軾撰 （明）王納諫輯並評 明淩啟康刻朱墨套印本 湖北省圖書館

05682 梅溪先生廷試策一卷奏議四卷文集二十卷後集二十九卷 （宋）王十朋撰 附録一卷 明正統五年（1440）劉謙、何澌刻天順六年（1462）重修本 武漢大學圖書館

05727 文山先生文集十七卷指南文集三卷別集一卷文山先生遺墨一卷 （宋）文天祥撰 明正德九年（1514）張祥刻本[四庫底本] 武漢大學圖書館

05784 楊鐵崖詠史古樂府一卷 （元）楊維楨撰 （明）顧亮輯 明成化刻本 湖北省圖書館

05795 宋學士文集七十五卷 （明）宋濂撰 明正德九年（1514）張縉刻嘉靖四十四年（1565）劉祐重修本 湖北省博物館

05813 太師誠意伯劉文成公集二十卷 （明）劉基撰 明隆慶六年（1572）謝廷傑、陳烈刻本 武漢大學圖書館

05817 太師誠意伯劉文成公集二十卷 （明）劉基撰 明隆慶六年（1572）謝廷傑、陳烈刻本 黄岡市圖書館

05821 陶學士先生文集二十卷 （明）陶安撰 事蹟一卷 明弘治十三年（1500）

項經刻遞修本　武漢大學圖書館

05941 大崖李先生詩集十二卷文集八卷　（明）李承箕撰　明正德五年（1510）吴廷舉刻本　湖北省圖書館

05951 空同詩選四卷　（明）李夢陽撰　（明）楊慎批選　明嘉靖刻本　湖北省博物館

06042 舒梓溪先生集十卷　（明）舒芬撰　明嘉靖三十二年（1553）萬虞愷等刻本　湖北省圖書館

06054 棲溪稿八卷　（明）孫鑰撰　明萬曆七年（1579）孫應奎刻本　湖北省圖書館

06074 遵巖先生文集四十一卷　（明）王慎中撰　明隆慶五年（1571）邵廉刻本（目録第六十二至六十八葉、卷三十七至卷四十鈔補）　武漢大學圖書館

06094 燕詒録十三卷　（明）孫應奎撰　明萬曆刻本　湖北省圖書館

06118 友慶堂存稿十四卷　（明）王時槐撰　明萬曆三十八年（1610）蕭近高刻本　湖北省圖書館　存十二卷（卷一至卷十二）

06119 招搖池館集十卷（明）詹萊撰　明福建書坊詹佛美活字印本　武漢大學圖書館

06135 西征集十卷馮文所詩稿三卷黔中語録一卷續語録一卷黔中程式一卷　（明）馮時可撰　明萬曆馮曾可刻本　湖北省圖書館

06140 朱陵洞稿三十三卷中州武録一卷　（明）王一鳴撰　明鈔本　湖北省圖書館

06142 鄭侯升集四十卷　（明）鄭明選撰　明萬曆三十一年（1603）鄭文震刻本　湖北省圖書館

06180 漢魏六朝一百三家集一百十八卷　（明）張溥編　明婁東張氏刻本　何紹基評點　武漢大學圖書館

06256 選詩七卷　（梁）蕭統輯　（明）郭正域評點　（明）淩濛初輯評　詩人世次爵里一卷　明淩濛初刻朱墨套印本　湖北省圖書館

06297 文苑英華一千卷　（宋）李昉等輯　明隆慶元年（1567）胡維新、戚繼光刻本　湖北省博物館

06302 文苑英華一千卷　（宋）李昉等輯　明隆慶元年（1567）胡維新、戚繼光刻本　武漢大學圖書館

06312 廣文選六十卷 （明）劉節輯 明嘉靖十六年（1537）陳蕙刻本 武漢大學圖書館

06346 東萊先生古文關鍵二卷 （宋）呂祖謙輯 明嘉靖十九年（1540）楚府崇本書院刻本 華中師範大學圖書館

06359 西山先生真文忠公文章正宗二十四卷 （宋）真德秀輯 明嘉靖四十三年（1564）李豸、李磐刻本 湖北省圖書館

06491 三蘇先生文粹七十卷 （宋）蘇洵 蘇軾 蘇轍撰 明刻本 武漢大學圖書館

06503 增修詩話總龜四十八卷後集五十卷 （宋）阮閱輯 明嘉靖二十四年（1545）月窗道人刻本 湖北大學圖書館

06587 黄鶴樓集三卷 （明）孫承榮纂輯 明萬曆武昌府刻本 湖北省圖書館

第三批國家珍貴古籍名録

07051 陳書三十六卷 （唐）姚思廉撰 宋刻宋元明遞修本 武漢大學圖書館

07070 唐書二百二十五卷 （宋）歐陽修 宋祁等撰 釋音二十五卷 （宋）董沖撰 元大德九年（1305）建康路儒學刻明清遞修本 宜昌市圖書館

07270 讀易一鈔十卷易廣四卷 （清）董守諭撰 稿本 湖北省圖書館

07320 周禮傳五卷翼傳二卷圖説二卷 （明）王應電撰 明鈔本 武漢大學圖書館

07392 論語外篇十八卷 （明）李栻撰 明萬曆刻本 湖北省圖書館

07414 疑思録六卷 （明）馮從吾撰 明萬曆武用望等刻本 湖北省圖書館

07415 談經菀四十卷 （明）陳禹謨輯 明萬曆張之厚刻本 湖北省圖書館

07447 説文字原一卷 （元）周伯琦撰 明嘉靖元年（1522）于鏊刻本 湖北省圖書館

07461 韻補五卷 （宋）吴棫撰 明嘉靖許宗魯刻本 徐恕校並題識 湖北省圖書館

07527 班馬異同三十五卷 （宋）倪思撰 （宋）劉辰翁評 明嘉靖十六年（1537）李元陽刻本 湖北省圖書館

07538 後漢書九十卷 （南朝宋）范曄撰 （唐）李賢注 志三十卷 （晉）司馬彪撰 （南朝梁）劉昭注 明崇禎十六年（1643）毛氏汲古閣刻本 何紹基批點 武漢大學圖書館

07556 宋史四百九十六卷目録三卷 （元）脱脱等撰 明成化七至十六年（1471-

1480）朱英刻嘉靖南京國子監遞修本（卷一百十一至卷一百十六鈔配） 武漢大學圖書館 存四百六十一卷（卷一至卷五、卷九至卷一百七十五、卷一百八十六至卷三百二十、卷三百三十至卷三百三十八、卷三百五十五至卷四百九十六，目録全）

07569 遼史一百十六卷 （元）脱脱等撰 明嘉靖八年（1529）南京國子監刻本 武漢大學圖書館

07571 金史一百三十五卷目録二卷 （元）脱脱等撰 明嘉靖八年（1529）南京國子監刻本 武漢大學圖書館

07588 元史新編不分卷 （清）魏源撰 清鈔本 王先謙批校 武漢大學圖書館

07954 讀史方輿紀要□□卷 （清）顧祖禹撰 清康熙通志堂刻本 武漢大學圖書館 存十四卷（陝西）

08158 至大重修宣和博古圖録三十卷 （宋）王黼等撰 明嘉靖七年（1528）蔣暘刻本 武漢大學圖書館

08225 鹽鐵論十二卷 （漢）桓寬撰 （明）張之象注 明嘉靖三十三年（1554）張氏猗蘭堂刻明程榮重修本 熙徵校 湖北省圖書館

08227 劉氏二書三十卷 （漢）劉向撰 明嘉靖十四年（1535）楚藩崇本書院刻本 武漢大學圖書館 存二十卷（劉向説苑全）

08232 劉向新序十卷 （漢）劉向撰 明刻本 湖北省圖書館

08273 真西山讀書記乙集上大學衍義四十三卷 （宋）真德秀撰 明刻本 湖北省圖書館

08332 大儒心學語録二十七卷 （明）王蓂輯 明嘉靖二十八年（1549）撫州儒學刻本 湖北省圖書館

08369 補註釋文黄帝内經素問十二卷 （唐）王冰注 （宋）林億等校正 （宋）孫兆改誤 遺篇一卷 黄帝素問靈樞經十二卷 （宋）史崧音釋 明趙府居敬堂刻本 武漢圖書館

08387 王氏脉經十卷 （晉）王叔和撰 （宋）林億等校定 明趙府居敬堂刻本 華中科技大學圖書館醫學分館

08486 茶董二卷酒顛二卷 （明）夏樹芳輯 茶董補二卷酒顛補三卷 （明）陳繼儒

輯　明萬曆刻本　黄岡市圖書館

08491 墨子十五卷　明嘉靖江藩刻本（有鈔配）　武漢大學圖書館

08535 世說新語六卷 （南朝宋）劉義慶撰 （南朝梁）劉孝標注 （宋）劉辰翁 劉應登 （明）王世懋評　明淩瀛初刻四色套印本　湖北省圖書館

08663 楚辭集注八卷辯證二卷後語六卷 （宋）朱熹撰　反離騷一卷 （漢）揚雄撰　明嘉靖十四年（1535）袁褧刻本　武漢圖書館　存十六卷（楚辭集注全、辯證全、後語全）

08797 孟東野詩集十卷 （唐）孟郊撰　聯句一卷　明嘉靖三十五年（1556）秦禾刻本　湖北省圖書館

08844 新刊歐陽文忠公集五十卷 （宋）歐陽修撰 （明）曾魯考異　明刻本　湖北省圖書館

08849 歐陽文忠公全集一百三十五卷 （宋）歐陽修撰　明嘉靖三十四年（1555）陳珊刻本　湖北省圖書館

08987 揭文安公文集□卷 （元）揭傒斯撰　明正德十五年（1520）揭富文刻本　湖北省圖書館　存四卷（詩一至四）

09111 空同先生集六十三卷 （明）李夢陽撰　明嘉靖刻本　湖北省圖書館

09137 何氏集二十六卷 （明）何景明撰　明嘉靖沈氏野竹齋刻本　湖北省圖書館

09146 洹詞十二卷 （明）崔銑撰　明嘉靖趙府味經堂刻本　湖北省博物館

09185 夢澤集二十三卷 （明）王廷陳撰　明萬曆十八年（1590）王追伊刻三十年（1602）王追淳增修本　湖北省圖書館

09217 自知堂集二十四卷 （明）蔡汝楠撰　明嘉靖刻本　湖北省圖書館

09248 梅公岑草不分卷 （明）梅國樓撰　明萬曆刻本　湖北省圖書館

09255 四然齋藏稿十卷 （明）黄體仁撰　明萬曆刻本　湖北省博物館

09352 四家宮詞不分卷 （明）李良柱編　明萬曆七年（1579）李良柱刻本　湖北省圖書館

09381 玉臺新詠定本十卷 （南朝陳）徐陵輯 （清）梁章鉅注　稿本　湖北省圖書館

09431 石渠閣校刻庭訓百家評註文章軌範七卷 （宋）謝枋得輯 （明）顧允集

評　（明）茅坤訓註　清順治十七年（1660）蔣時機刻本　武漢圖書館

09496 御選唐詩三十二卷目録三卷　（清）聖祖玄燁輯　（清）陳廷敬等注　清康熙五十二年（1713）內府刻朱墨套印本　湖北省圖書館

09519 新安文獻志一百卷先賢事略二卷目録二卷　（明）程敏政輯　明弘治十年（1497）祁司員、彭哲等刻本　武漢大學圖書館

09554 類編草堂詩餘四卷　（明）顧從敬編次　明嘉靖二十九年（1550）顧從敬刻本　湖北省圖書館

09563 鼎鐫西廂記二卷　（元）王德信　關漢卿撰　（明）陳繼儒評　明書林蕭騰鴻刻本　武漢大學圖書館

後記

受益於衆多單位和個人的幫助，本書得以順利面世，故借此方寸之地，我們略表謝忱。

本書編寫之際，得到武漢大學圖書館、湖北大學圖書館、華中科技大學圖書館醫學分館、華中師範大學圖書館、湖北省博物館、荆州博物館、武漢圖書館、襄陽市少年兒童圖書館、黄岡市圖書館、宜昌市圖書館、安陸市圖書館等古籍收藏單位及相關工作人員的鼎力支持，編者深表感謝。

得益於國家圖書館出版社打破常規般的幫助，本書得以及時出版。時間短，任務重，出版社主動調整工作計劃，優先安排本書的製作，這令我們感動不已。

感謝國家圖書館副館長、國家古籍保護中心副主任張志清的特別關懷，感謝國家圖書館出版社總編輯賈貴榮和總編室副主任王歡的熱情幫助，感謝歷史文獻影印編輯室主任殷夢霞、編輯南江濤的辛勤勞動。

編者

二〇一二年十一月